SOCIEDAD PERFECTA ELIMINANDO CASI TODO
EL NARCOTRAFICO, FRAUDE FISCAL,
INMIGRACIÓN ILEGAL,
DINERO NEGRO, CONTRABANDO, ROBOS, SE-
CUESTROS, CORRUPCIÓN POLÍTICA
Y ECONOMÍA SUMERGIDA

Sobre este libro

¿Podría nuestra sociedad liberarse de muchos de sus peores males y disponer de una renta básica para habitantes de unos 30 países?

La respuesta está en este libro.

El fraude fiscal es la causa de gran parte la lacra de nuestra sociedad: la precariedad de los más jóvenes, incapaces de constituir una familia; la pobreza de nuestros mayores, que no pueden tener una jubilación digna después de décadas trabajando y la impotencia de los trabajadores abocados al desempleo.

Detrás de este flagelo están la corrupción política y empresarial, la inmigración descontrolada, narcotráfico, secuestros, robos, contrabando..................

¿Podemos deshacernos de este estigma?

No todo está perdido.

En este libro el lector encontrará la solución definitiva a estos problemas. No es una utopía ni una quimera: el sistema informático antifraude que presento, se basa en tecnología al alcance de todos. En poco más de cien páginas, el lector comprenderá y asimilará con lujo detalles y cuantiosos ejemplos, cómo el sistema informático antifraude puede hacer cambiar por completo la sociedad en la que vivimos.

Este sistema describe, bajo mi punto de vista, cómo llegar a una SOCIEDAD PERFECTA

Beneficia a las personas honradas. Paga el que defrauda.

Es real, y emplea estos 3 principios: 1) Eliminando el dinero físico 2) Controlando todo el dinero electrónico 3) Se paga o cobra con la huella dactilar, tarjetas o móviles.

PROLOGO

Os propongo que imaginéis por un momento una sociedad sin apenas fraude fiscal. ¿Os lo podéis imaginar?

Dispondríamos, como sociedad, de una enorme recaudación. Una cantidad de dinero suficiente como para que una pareja joven pueda tener los hijos que quiera, e incluso no pagar por ello, porque sería el estado el que lo asumiera. Esto último se puede hacer en unos 30 países, los demás mejorarían su economía.

Mi propuesta es sencilla:

- Endurecer los estudios, para que solo estén en las facultades los mejores. Los demás estudiarían formación profesional. Esto minimizará la cantidad de facultades, y permitiría, a mi criterio, construir un futuro para muchos países, porque no vamos a necesitar tantos extranjeros como hasta hoy. - Centralizar el país todo lo que sea posible.

- Eliminar funcionarios de muchos sectores.

- Homogeneizar la educación en todo el país, y, al ser única, se evitarían las disputas entre las distintas regiones. A lo largo de este libro veréis que no me es difícil demostrar cómo, empleando los cobros y pagos digitales (por huella digital y tarjetas de crédito y móviles, entre otros) se elimina casi por completo el fraude fiscal (un 99% aproximadamente), la economía sumergida (un 95% aproximadamente) y todo el dinero negro, porque el dinero físico no existiría, como quieren hacer en Dinamarca.

Mario Draghi ha declarado que es conveniente hacer desaparecer el dinero físico; aunque la idea de los gobiernos actuales no es del todo correcta. Están pensando en sistemas con defectos de seguridad, como emplear solo las tarjetas de crédito o los teléfonos móviles, sistemas que no aseguran una mínima seguridad ante el robo.

Las ventajas de la desaparición del dinero físico son muchas: eliminar el déficit público, logrando superávit para ir pagando la deuda; en muchos países se da una renta básica con condiciones, y en otros se lograrían hacer más labores sociales.

La solución de España (sirva de ejemplo para otros países) es subir el gasto un 10% del PIB, subiendo a su vez los ingresos un 15% del PIB. Y esto a su vez se logra eliminando el fraude fiscal. Se contenta a derechas e izquierdas.

Con una política liberal con el despido libre y una bajada de impuestos, asociada a ciertas políticas de izquierdas (sin recortes y más labores sociales) es posible implementar el cambio necesario.

La crisis tiene su origen en el aumento del gasto en pensiones y el déficit. Estos dos problemas se agravan progresivamente, por lo que creo que este libro es la solución a aplicar para estos males.

Sin fraude fiscal, se puede eliminar casi todo el narcotráfico. Podemos evitar la inmigración ilegal y el contrabando. Minimizamos los robos y la corrupción política, porque los políticos no podrían cobrar sobresueldos.

Al no haber fraude fiscal, las personas y empresas que paguen correctamente sus impuestos, se verían favorecidas. En los países con baja tasa de fraude fiscal, el impuesto de sociedades es mucho más bajo y la cotización a la seguridad social y el IRPF también lo son. Los grandes perjudicados son los que defraudan a Hacienda.

La clase política toma medidas ineficaces e injustas, como aumentar los impuestos y la seguridad social debido a los dos problemas citados.

Hay países, como Dinamarca, por ejemplo, que tienen solucionado el problema de las pensiones con planes de pensiones particulares, pero hay otros países como España, en el que dan una cantidad de dinero fija al jubilarse y después nada, siendo en este caso, los planes de pensiones deficitarios. Hablo en este prologo algo de mi país, pero es común a muchos países.

Ningún partido político tiene un programa que solucione los problemas expuestos, ni que mejore la eficacia de las instituciones, porque defienden diferentes ideologías cuyo fin es controlar instituciones, entre ellas empresas públicas deficitarias para dar trabajo al amigo o al pariente, llegando a cometer incluso, todo tipo de irregularidades cuando tienen el control del Banco del país, Cajas de Ahorro y Justicia.

Si no hubiera apenas fraude fiscal, se bajaría la cotización de las empresas a la seguridad social, bajarían también los impuestos y se crearían más empresas y empleo.

Sin el sistema que propongo en este libro, no es posible bajar el gasto y esperar a crecer como Irlanda, porque llevaría más años y aumentaríamos mucho el déficit al recaudar menos. Esto es lo que dicen los economistas, y la política actual de Estados Unidos. Esta política económica se estudia con la curva de Laffer, pero no la gran solución que es eliminar el fraude fiscal, con la que Estados Unidos recaudaría un billón de dólares más, que sería suficiente para operar con superávit e ir pagando la deuda porque la Reserva Federal ha subido los tipos de interés.

Los países no pueden funcionar bien con déficit. En la zona euro se está depreciando el euro con respecto al dólar. El petróleo se paga con dólares, y está subiendo peligrosamente, sería otro problema. Si el banco europeo sube los tipos de interés, a partir de ahí la deuda emitida produce más gasto (el Banco Europeo ha dicho que lo van a subir para el año que viene, veremos qué ocurre finalmente).

Toda la situación actual acarrea mucha tensión social y violencia.

Se podría prescindir de muchos funcionarios, solo basta con no llamar a más oposiciones.

Es posible realizar la declaración de la renta automáticamente ante Hacienda para el caso de empresas y particulares, introduciendo telemáticamente los datos, necesitaríamos muchos menos funcionarios. Las empresas, particulares y asesorías no tendrían que introducir casi ningún dato. Solo las amortizaciones.

También explico en siguientes capítulos cómo llega el dinero legalizado a los paraísos fiscales. Todo el dinero electrónico estaría controlado y sin fraude.

El objetivo de este libro es que la clase política tome conciencia, sobre todo en países viciados por la corrupción, de que arreglar los problemas más importantes de la sociedad se puede hacer empleando la tecnología existente.

Y por qué no animar a gente ajena a la política, como es mi caso, a formar un partido político que aproveche todas estas ideas y trucos ingeniosos que usted leerá en este texto que tiene entre sus manos.

Es ventajoso para Europa, ya que elimina el déficit, ayuda a pagar la deuda con los años y se posibilita el acceso a más ayudas sociales.

Para Latinoamérica también, disminuiría la delincuencia y bajaría la pobreza existente, y además solo el Gobierno puede pagar un secuestro, debido a reglas solo se puede pagar 50 euros, esto es muy interesante para México que tiene muchos secuestros. Si es usted economista tiene que hacer cálculos del dinero que se logra del fraude fiscal de su país para ir pagando la deuda del mismo. Por ejemplo en España se elimina la deuda en unos 13 años, pero no toda en EEUU ya que su fraude es del 8,6% sobre el PIB y en España es del 25%.

Para Estados Unidos se resolvería el problema de la inmigración ilegal, la delincuencia y se mejoraría su economía.

Para África también es ventajoso, porque los países desarrollados tendrían más dinero para ayudarla. Lo mismo para muchos países de Asia. Se mejoraría la economía de China porque tienen un 11% de fraude fiscal. También la de Japón.

Aunque está claro que muchos políticos no querrían el sistema ya que imposibilita malversar fondos públicos, quedarse con ellos, o hacer facturas falsas sus partidos.

Las cárceles estarían casi vacías, porque apenas habría delitos.

Tampoco muchos asesores fiscales estarían de acuerdo: este sistema que propongo haría mermar su trabajo, ya que las declaraciones a Hacienda serían automáticas.

Los drogadictos tampoco estarían de acuerdo con el sistema. No se drogaría casi nadie, porque sería difícil vender droga.

La inmigración ilegal desaparecería. Un inmigrante ilegal estaría en la cárcel o sería deportado, por lo que estaría en contra del sistema, no podría realizar ninguna transacción.

Muchas de las personas contratadas por la Administración tampoco estarían a favor del sistema, porque se quedarían, en su mayoría, sin su trabajo, aunque cobrarían una renta básica en 30 países.

Tampoco les convendría el sistema que propongo a las empresas que se dedican al pago de morosos, porque el sistema funciona sin apenas deudas.

El que sí estaría de acuerdo con el sistema sería **el trabajador honrado**, porque los impuestos y la delincuencia disminuyen cuando no hay fraude fiscal.

Los jóvenes estarían de acuerdo, porque si no encuentran trabajo cobrarían una renta básica en unos 30 países, con lo que se animarían a casarse y a tener hijos, el sistema sería capaz de aportar la renta para la manutención básica de sus hijos para unos 30 países, con los años no sería necesaria la mano de obra de tantos extranjeros.

Podría haber más dinero para la investigación, con lo que nuestros talentos regresarían al país: Los números uno de las carreras universitarias deberían estar interesados en el sistema que propongo.

También le debería interesar a los parados: con este sistema todos cobrarían un dinero decente, con condiciones, claro.

Las empresas que apliquen el sistema, se verán favorecidas y querrán conocer cada vez más de él.

Habría que cambiar de mentalidad, cuestión ésta que intentó mucha gente a través de la historia. En países como Suecia, Noruega, Dinamarca, Francia, Alemania, Reino Unido, etc., ya la tienen asimilada esta mentalidad de la honradez política. Por ejemplo, en el Reino Unido dimitió un político por pagar a su jardinero con fondos públicos.

En esos países tendría mucho éxito. Desgraciadamente países como Suecia, Dinamarca y Noruega, están planteando sistemas, a mi criterio, peores, deberían ser éstos los primeros en los que se introduzca el sistema de control de fraude fiscal que propongo.

Una verdadera democracia es la que controla a sus políticos.

Os voy a contar de dónde surge la idea de este libro: me propuse acabar con el fraude fiscal, la economía sumergida y el dinero negro. Según iba escribiendo el libro me di cuenta de que se podía frenar la inmigración ilegal, luchar muy eficazmente contra la corrupción política, narcotráfico, disminución de robos, contrabando…. Me di cuenta de que una cosa llevaba a la otra, era posible disminuir mucho la delincuencia gracias al sistema que estaba desarrollando.

Hoy en día la banca no tiene todo el dinero como físico, opera con dinero electrónico. ¡Por eso se puede eliminar! El dinero físico lo tiene casi todo el que circula la empresa Prosegur (transporte de caudales), y lo va distribuyéndolo por entidades bancarias. El dinero, sencillamente, es una fórmula de intercambio, como antiguamente utilizaban la sal, de ahí viene la palabra salario. No todo el dinero del mundo está en formato impreso…

En España hay un 10% de dinero físico, sobre el total de dinero electrónico. En Europa un 6% y en Estados Unidos un 5%.Por tanto, en el sistema actual, la sociedad está funcionando con el 90% de dinero electrónico en España, en Europa con un 94% de media y En Estados Unidos con un 95%. En el sistema fiscal que propongo la sociedad funcionaría en aquellos países que lo adopten al 100%, Todo el dinero debería ser electrónico. Solo el 8,8% del dinero está avalado por Oro y bajando.

Pero como veremos, también vamos a controlar ese dinero electrónico para que no haya fraudes, actualmente eso ocurre. Por ejemplo, el Bitcoin no está controlado. Comprándolo, sus clientes lo usan para lavar dinero negro.

Cuando el Banco Europeo inyectó dinero a Grecia, el cual, la mayoría fue electrónico (y un poco de dinero físico), bajó un poco la cotización del Euro. Todos los rescates que ha habido, desde que empezó la crisis, hicieron bajar el 20% de la cotización del Euro respecto al dólar. Esto es peligroso porque el petróleo se paga en dólares. Pero el petróleo bajó a la mitad de su precio. No hay peligro si el petróleo sube mucho de precio o que tarde o temprano el Banco Europeo sube los tipos de interés. Los países con mucho déficit se pueden meter en problemas muy serios si esto ocurre rápidamente o con más de una variable al mismo tiempo por eso hay que eliminar el fraude fiscal. Y se pueden en meter en problemas, porque si emiten deuda, aumenta el dinero destinado a pagar la deuda. Además, cuando venzan los plazos de la deuda, para pagarla, al tener déficit, hay que emitir más deuda, y a unos tipos de interés más altos que antes.

Todo el sistema de pagos internacionales operaría como hasta ahora, aunque con todo dinero electrónico controlado. La única diferencia entre el sistema que propongo y el actual está en la forma de pagos y cobros, y el control del dinero electrónico.

No es posible, por otro lado, aplicar esta herramienta en países en los cuales, a pesar de casi eliminar el fraude fiscal, no se eliminase el déficit.

Voy a hablar un poco de la economía de mi país España, más adelante hablo en una sección corta un poco más de cómo se elimina la deuda en 13 años. Se poco de la economía de los demás países, pero el libro está orientado a todos los países, y es en América donde es más efectivo porque tienen más problemas de violencia que España. España es de los países más seguros del mundo.

Resumiendo, bajo mi punto de vista, los problemas que podrían provocar la destrucción de España como país son:

1) Poca solidaridad entre las distintas Autonomías, y todavía se quiere que sea menos, como el País Vasco, Cataluña, Valencia, Galicia y Baleares. Este problema se soluciona eliminando las autonomías tal y como dice el MCRC, VOX y otros partidos pequeños, porque tenemos 445.000 políticos, y Alemania con casi el doble de población tienen 150.000.

2) Mucho fraude fiscal que veremos que se elimina casi por completo gracias a mi propuesta.

3) La familia destruida. Muchos divorcios debidos principalmente al poco dinero que se gana. Se remedia con ayudas sociales que se obtendrían de la eliminación del fraude fiscal

4) Poca natalidad: hay pocas ayudas al tener hijos. Esto hace que España está invadida de extranjeros, algunos muy violentos. Fomentar la natalidad es uno de los objetivos del dinero rescatado del antiguo fraude fiscal, manteniendo todos los hijos para cualquier pareja que lo necesite. Baja calidad del sistema de estudios primarios y Univer-

sitarios. Los estudios superiores serían para los mejores, es decir carreras filtradas.

5) El problema de la inmigración ilegal (y no podemos traernos a España a medio África) Esto también lo solucionamos controlando todas las transacciones dinerarias.

6) El número excesivo de trabajadores de la Administración. Es posible que realicen otro tipo de trabajo más productivo y necesario.

7) La financiación del Estado a sindicatos, patronal (solo cursillos) y partidos políticos (socios y aportaciones que no pasen de 2.000 euros) como está financiado el MCRC y VOX.

8) Las pensiones hoy en día peligran. Propongo aplicar el sistema Danés: 500 euros y planes particulares para los jóvenes, para el que quiera desde que se haga el sistema, la demás gente la cobraría con dinero procedente del fraude fiscal. Se calcula que dentro de 30 años habrá un trabajador por cada pensionista. El sistema antifraude es capaz de soportarlo. Se detalla este punto en el capítulo de economía.

Es posible construir otra vez el país, porque el sistema autonómico nos ha hundido. Se van a necesitar años, aún con este sistema de control de fraude, para que los ciudadanos de este país reconstruyan la desaparecida clase media.

La clase política, (formada por personas, muchos de ellos sin estudios), ha hecho que la 14ª potencia del mundo tenga 1,2 millones de hogares con todos los miembros en paro o con salarios tan bajos que aunque trabajen se les debe seguir considerando pobres y en el que el casarse y tener hijos es muy arriesgado.

El sistema que propongo, el objeto final de este libro, es un control total: a la banca, ciudadanos, políticos a través de todos los medios de pagos y cobros. La decisión está en la banca, que se beneficia por un lado cobrando comisiones, y se perjudica un poco por otro al no poder guardar dinero negro en cajas de seguridad. Dado que beneficia a la banca, se va a imponer sobre el criterio de los políticos, con lo que se garantiza el éxito del sistema de control al fraude fiscal. La banca está debilitada por su gran deuda pública comprada e inseguridad jurídica. Se acabará haciendo en muchos países porque en el sistema antifraude ésta cobraría una pequeña comisión por lo que no desaparecían muchos bancos en todo el mundo.

Va usted a leer el futuro de muchos países, aunque se puede hacer desde el 2009 con Internet. Verá qué fácil es el capítulo de tecnología y lo bien explicado que está.

CAPITULO I

El sistema y sus ventajas

Sección I.1. Cómo sería el sistema y su gran truco.

El sistema para acabar con el fraude fiscal, la economía sumergida, el dinero negro y minimizar el narcotráfico, la inmigración ilegal, corrupción política, contrabando y robos, se basa en la completa desaparición de la circulación del dinero físico.

El dinero físico no existe en el hipotético país que realice el sistema que propongo. No es descabellado, ni mucho menos, es el futuro próximo, porque Mario Draghi (Banco Europeo) ha sugerido la eliminación del dinero físico en más de una ocasión.

Solo circula dinero electrónico. Para las personas, el sistema de pago sería, aparte de tarjetas y móviles, con máquinas capaces de leer huellas digitales.

A pesar de que el sistema le parecerá provocador, no lo es tanto, ya que esta revolución empezó desde que se creó Internet. La tecnología para este cambio de la sociedad está disponible desde hace años, Es lo que dicen muchos políticos, pero no realizan el cambio que proponemos en este libro, seguramente por intereses propios.

En este capítulo describo las enormes ventajas y algunos los problemas que daría este mundo hipotético. Después, describiré la tecnología necesaria y el funcionamiento de la economía en otros capítulos, aunque avanzaré algunos detalles de ambas. Por último, veremos cómo funcionan muchas profesiones en este mundo nuevo. Si usted es economista tenga paciencia, si mira el índice, verá que detallo en varios apartados y en un capítulo de cómo funcionaría la economía en este mundo nuevo.

Cuando vamos a comprar un producto a un negocio, a la hora de pagar, ponemos el dedo índice derecho o izquierdo en una máquina con acceso a Internet, la cual lee nuestra huella digital, produciéndose un traslado de dinero electrónico de nuestro banco al banco del dueño del negocio.

Esta operación es extensible y rápida para todo tipo de negocios.

Sección I.2. El error del sistema de pagar y cobrar solo por tarjetas.

En Dinamarca quieren eliminar el dinero físico operando con tarjetas de crédito. Está bien, aunque considero que es más completo el sistema de detección por huella digital, porque si empleamos solo tarjetas existe el riesgo del hurto. Además ya explicaré cómo se controla el fraude con el dinero electrónico.

Muchas compras se realizan hoy en día con tarjetas de débito o de crédito para no llevar excesivo dinero físico. Al ser más cómodo el uso de la huella, habría mucha más gente a favor del nuevo sistema. Estaría en contra, principalmente, el delincuente.

Con este tipo de pago, se pueden controlar mejor todas las instituciones.

Este control se debe a que un Ordenador Central tendría todos los datos, siendo más fácil su investigación, ya que para los gastos e ingresos de empresas y particulares solo operamos con una única cuenta corriente de un banco.

Actualmente en Suecia se pagan los autobuses y numerosas tiendas solo con tarjetas de crédito, evitando así hurtos y fraude. Quieren hacer que toda la economía funcione con tarjetas de crédito.

Es más lento el pago por tarjetas de crédito, ya que tenemos que poner la clave de la tarjeta, como sucede en supermercados teniendo que esperar.

En Noruega también querían hacer lo mismo que en Suecia, pero los usuarios no lo han aceptado, aducen que pagar así coarta su libertad.

Según ese razonamiento, si un Inspector de Hacienda nos investiga, podríamos decir que coarta nuestra libertad. Además, todos nuestros correos electrónicos, y el historial de Internet está grabado, yo solo sugiero un mayor control, que tiene la ventaja de controlar los desmanes de los políticos.

En septiembre del año 2014 Venezuela anunció que el sistema de pagos se realizaría con la huella dactilar, pero no lo han hecho. Lo tenían estudiado para controlar al ciudadano y no a los políticos como yo demuestro.

Sección I.3. Otros sistemas y algunos problemas del sistema por huella digital

Habría otros sistemas como por ejemplo la lectura del iris (sería, bajo mi punto de vista, más incómodo).Esta forma de pago se haría con un simple parpadeo de los ojos. Esto tiene una ventaja: Hay tecnología para que pasemos por cualquier negocio, nos detecten el iris, y nos den publicidad de lo que nos gusta. Hay grandes bases de datos llamados nubes y velocidad de los ordenadores para hacer esto. El futuro es emplear tanto la huella digital como el iris, pero para cobrar o pagar solo con la huella digital.

Puede darse el caso de que una persona no tenga manos, este sistema también le valdría, porque también existe la posibilidad de pagar con tarjetas de crédito, si no tenemos manos o dinero, cualquier identificación, bien sea carnet de identidad, conducir o Seguridad Social. Esta forma de pago llevará en el chip nuestra huella y una clave que es útil para el que no tiene manos. Cambiaríamos el sistema de tarjetas incorporándole nuestra huella para que el pago fuese más rápido.

Para los invidentes, la cantidad a pagar se identificaría con un sonido.

El sistema de la huella dactilar es moderno, rápido y cómodo.

Es casi instantáneo porque ponemos el dedo y nos hace la máquina de cobrar una foto digital, lo retiramos, y esperamos menos de 2 segundos en que nos dé el recibo. Mucho más rápido que las tarjetas en que les tenemos que dar la clave en el sistema actual que lo cambiaríamos como hemos dicho.

Sección I.4. Ventajas del sistema

Las ventajas son: Es prácticamente imposible el fraude fiscal, no es posible el dinero negro, desaparece el 95% de la economía sumergida; apenas habría narcotráfico, habría una disminución drástica de robos, tampoco permite la corrupción política (solo la del amigo o pariente que cobra, y a veces ni siquiera tiene despacho), apenas habría inmigración ilegal, ni contrabando; en muchos países es posible eliminar la deuda pública.

Lo más importante es el fraude fiscal, siendo la base de este libro, lo que permitiría que funcione de forma correcta la sociedad, porque aplicándolo se eliminaría la deuda de muchos países occidentales en pocos años.

Habría una nimiedad de fraude a la Seguridad Social en este sistema, como es tener personas trabajando que no esté declarada en el sistema de huellas del país. A este tipo de personas que serían inmigrantes ilegales, en lo sucesivo les llamaré "esclavos", porque según mi criterio, trabajan solo por la comida y otros gastos mínimos para el empresario. Al no cobrar dinero (en el sistema de cobro por huella digital no están declarados, no existen) no defraudan a Hacienda.

Existen otras dos fórmulas más de mínimo fraude que las veremos cuando hablemos de economía.

No existiría la compra de facturas para justificar costes. Tampoco se podrían dar facturas exageradas. Ni dar dinero negro a amigos para que lo donen al partido.

No circularían billetes falsos.

En unos 30 países occidentales, se podría administrar una renta básica para los parados de larga duración que no cobren otros subsidios, y a las personas que trabajen a tiempo parcial. En los otros países como mínimo habría disponible un dinero para comer y otras necesidades básicas.

Los indigentes serían, básicamente, alcohólicos o personas con enfermedades mentales. Aun así, estarían bajo los cuidados del Estado.

Tampoco existiría dinero negro, ni apenas economía sumergida. En países donde esté prohibida la prostitución no existiría mercado negro de armas ni explosivos (lo explicaré después).

Se puede saber si un desaparecido está vivo por la actividad de su cuenta.

Las ventajas son enormes, aunque haya gente que en un principio sea reacia. Se haría poco a poco con el sistema mixto de dinero físico que se iría eliminando, tal y como se implantó el euro.

Sección I.5. Cómo no se puede pagar un secuestro

Es difícil el pago de un secuestro, ya que es necesario transferir dinero a personas que no son de nuestra familia en primer grado, no admitiéndolo el sistema antifraude informático.

Una posibilidad es el secuestro sin obtener un beneficio económico directo. Por ejemplo a un niño.

Sí se admite en el sistema antifraude transferencias de 50 euros al día, 300 euros al mes, o 3.600 euros al año a personas que no sean de nuestra familia en primer grado. Es evitarían los secuestros con esas cantidades tan bajas.

Lo que sí se admite son transferencias entre un particular y una empresa, o entre dos empresas.

Si se realiza el secuestro con una de estas dos modalidades, siempre existiría la posibilidad de que la familia del secuestrado denuncie, una vez liberado el secuestrado, a la empresa a la que ha pagado el secuestro, investigándose los artículos de esa factura o el stock. Sería todo un riesgo para los secuestradores, con lo que se lo pensarían. Aunque no se denuncie el delito, el sistema lo detecta al dar beneficios sospechosos por su cuantía.

Si quieren cobrar el secuestro de empresa a empresa, al ser cantidades importantes, saldría en la empresa de los secuestradores un rendimiento muy alto, con lo que se investigarían los artículos y el stock, y a su vez la empresa del que paga le daría un rendimiento menor, con lo que se investigaría también. Así se detecta el delito.

Solo el Gobierno puede pagar un secuestro. Los Yihadistas secuestraron a tres periodistas españoles y el Gobierno pagó el secuestro. Bajo mi punto de vista está muy mal hecho porque pueden emplear ese dinero para hacer más daño.

Sección I.6. Cómo minimizar los robos

No habría apenas robos. Por ejemplo, si le roban el televisor de su casa, sería difícil de vender, porque los artículos y el stock están controlados.

No se puede emplear el trueque, porque se detectaría una bajada en el consumo o un aumento en artículos básicos.

No es posible robar dinero físico, ya que no existe.

El robo se supeditaría a coger cosas de utilidad. Por ejemplo, en el caso del televisor, si no lo tengo, pues lo robo de una casa, con lo que el robo se reduce a meras necesidades, y no sería muy extensivo en los 30 países más desarrollados.

También se puede robar en supermercados comida, o ropa en grandes almacenes, pero sería algo marginal y solo en países desarrollados, en este sistema antifraude todo parado cobra un mínimo para su subsistencia.

No se puede hoy en día robar coches de lujo y llevarlos a África, porque tienen estos coches un sistema de GPS y son fáciles de localizar, aunque existe la posibilidad de que sepan cómo anular el sistema de GPS.

Pueden robar joyas de gran valor, llevándolas a países donde no tengan este control de las transacciones. Habría que mejorar los sistemas de seguridad de las joyerías. Las personas que tengan gran cantidad de joyas en su casa tendrían que llevarlas a cajas de seguridad.

Sección I.7. Cómo bajar algo la corrupción política

Cualquier pago quedaría registrado. Si alguien da alguna comisión ilegal, quedaría ésta registrada, por la transferencia bancaria en una sola cuenta. Esto entre una empresa y una institución como por ejemplo un Ayuntamiento.

Se baja algo ya que la mayor es enchufar al amigo que solo cobra sin hacer casi nada.

En el sistema de pagos actual es posible verificar en los bancos el total de una factura, pero no los diferentes artículos de la misma, la cual se puede destruir. En el sistema antifraude sí aparecerían los artículos para una investigación hipotética, sobre todo en los gastos de fondos públicos.

Si es la transferencia a un político no la admite el sistema informático a no ser que sea a familia en primer grado, lo cual es raro. Por eso, casos de corrupción actuales como GÜRTEL, LEZO o PUNICA no se podrían llevar a cabo. Tampoco el de los ERE de Andalucía, porque quedarían registrados los artículos de las facturas, por ejemplo, el pago a un profesor, o el alquiler de un aula donde se den las clases.

Está prácticamente prohibido dar dinero a personas que no sean de nuestra familia, ni a partidos políticos, solo si pertenecemos a ellos, y en una cantidad limitada.

La gran ventaja es que no se puede dar dinero físico a un político, como sucede hoy en día, el cual es incontrolable.

Esto no evita la corrupción de darle un cargo político al amigo o al pariente.

La mayor corrupción son los sobrecostes y meter al amigo o pariente como asesor que no hace nada. Vale 10, le ponemos 15 y 2 para el político. Solo se podría hacer con el pariente, no cobrando, los 2 casos monetarios citados quedarían descartados.

Hoy en día un partido político puede tener cientos de cuentas y ocultar dinero, siendo difícil de cazar. Al eliminar los sobrecostes no tiene importancia, además para controlarlos mejor solo pueden tener una cuenta para ingresos y gastos, siendo más fácil la investigación a partidos políticos, empresas y particulares, como habíamos dicho.

Los sobrecostes son la principal razón de que gente sin escrúpulos, y no muy inteligente, se dedique a la política. Se descubre a algunos que acaban en la cárcel y muy mala imagen a la democracia, aunque las dictaduras son peores, por supuesto.

Las grandes empresas, aparte de los sobrecostes, solo llevan la dirección de obra, subcontratando lo demás. Les dan un 3% para seguridad, lo cual lo paga la empresa subcontratada. Esto es ilegal y se puede evitar con el sistema antifraude. Que ganen más del 6% de beneficio asfixiando a las empresas subcontratadas es legal según el libro titulado ESTA ESPAÑA NUESTRA.

Si los sobrecostes se realizan en un pueblo pequeño resulta casi indetectable, pero a grandes niveles como compras de tanques o por ejemplo aviones, el político corrupto gana mucho dinero llevándolo a paraísos fiscales, y es posible descubrirlo.

A pesar de que en los Ayuntamientos existe el Interventor, la oposición, en algunos gobiernan más de un partido, y a niveles de Estado existe el Tribunal de cuentas, la Sindicatura, como he dicho anteriormente, se descubren pocos casos en comparación con los que hay, y en muchos después de bastante tiempo de haberse producido.

En España una persona de cada 100 vive de la política. La apropiación indebida no llega ni a 1,5 euros de cada 100 según la opinión del economista Roberto Centeno. Pero defrauda también el empresario que pacta con ellos, los privilegios de las empresas, multinacionales, etc.

Quedaría totalmente prohibido dar regalos de una cierta cuantía a personas que no sean de nuestra familia. Habría que estudiar la cifra máxima de estos regalos. Por poner un ejemplo: regalos a la novia de poca cuantía serían admitidos, pero si la pareja está viviendo en el mismo domicilio y se declaran pareja de hecho, estaría permitido cualquier regalo.

Sección I.8. La principal razón de por qué apenas hay fraude fiscal, economía sumergida ni dinero negro

Aplicando este sistema de control fiscal férreo, la razón principal de la anulación del fraude fiscal es que toda la economía del país estaría controlada: tanto el stock de los negocios, rendimientos máximos, apenas podemos dar dinero, etc.

No hay nada de dinero negro porque no existe dinero físico.

La única economía sumergida sería toda la referente a ganar 300 euros al mes de donaciones de personas que no son familia nuestra en primer grado, apuestas, negocios en Internet, etc. Y esto en el supuesto de que ganemos más dinero del mínimo a declarar a Hacienda. Admitiríamos esa pequeña economía sumergida, para no llegar a considerar el sistema una dictadura.

En el mundo hipotético del sistema antifraude los partidos políticos no se pueden financiar ilegalmente. No habrá dinero negro en cajas de seguridad, por esta parte perjudicamos a los bancos, pero los favorecemos enormemente al cobrar comisiones si el pago se realiza a su banco en compras de más de 100 euros, habría que estudiar esa comisión. No se podría blanquear dinero negro en negocios.

Sección I.9. Cómo bajar la delincuencia

La delincuencia bajaría enormemente porque todo el mundo tendría dinero para sus gastos, bien trabajando o por medio de una renta básica, con lo que en un matrimonio habría menos tensión.

En el sistema antifraude la delincuencia sería para psicópatas, machistas y asesinos. Con lo cual siempre habrá este tipo de delitos (es innato en ciertas personalidades, concretamente se ha demostrado que tienen una determinada secuencia de ADN).

Sección I.10. Cómo evitar el contrabando

Los aprovechados de las fronteras no pueden traer tabaco de contrabando, porque solo se puede vender en tabacaleras o bares, con lo que un policía se daría cuenta. Todos los productos vendidos de contrabando harían que superemos los rendimientos máximos.

Se controlaría el stock, con lo que todas las ventas y compras estarían controladas, por lo que sería más difícil el contrabando.

Tampoco el contrabandista tiene máquina de cobrar, o la puede tener de otro negocio, con lo que se le puede estudiar los artículos y el rendimiento, porque todo está registrado.

Habría un contrabando mínimo. Como en el caso de las drogas, que veremos a continuación, a ambos tipos de delincuencia no les interesaría operar en los países en los que se adopte este sistema.

Sección I.11. La policía

Cada delincuente (extranjero de turismo que no pueda estar más tiempo en el país, o terrorista que esté en busca y captura)vaya donde vaya no puede consumir. Y si lo intenta, siempre será posible llamar a la policía, ya que el sistema informático no le permite pagar nada, con lo que no se puede hospedar en casi ninguna parte (a no ser en casa de un amigo). Incluso así, es posible rastrear a las personas allegadas a través de los consumos, con lo que se les acabaría descubriendo.

Los pocos policías que habría podrían patrullar por las calles, como sucedía antiguamente, o vigilar los negocios sospechosos de algún tipo de fraude.

Otra ventaja que tiene la policía es que aunque olvidáramos el carnet de identidad, nos podría identificar con un lector de huella digital. También les informaría si estamos en busca y captura o somos sospechosos de fraude u algún otro delito.

Un extranjero cuyo país tenga en vigor el mismo sistema, podría ser fichado por un delito en su país de origen.

Por tanto habría menos policías, produciéndose un gran ahorro para el Estado.

Sección I.12. Forma de combatir el narcotráfico

No habría apenas narcotráfico, porque los narcotraficantes no tendrían máquina de cobro por huella dactilar o tarjetas, apenas habría drogas. Solo de uso personal y en un grado mínimo, por ejemplo cultivando plantas de cannabis.

Hay gente que piensa en legalizar algunas, como el cannabis que está legalizado en Holanda (pero en un local). El legalizar las drogas duras no sería conveniente porque los gastos sanitarios serían enormes, además de que destruyen el sistema nervioso central.

No es posible vender drogas ilegales en un negocio cualquiera. Hacienda haría una revisión de los beneficios de ese negocio. Si los ingresos son exagerados con respecto a las compras, se podría detectar que en ese negocio se está vendiendo drogas. La policía podría investigar esa tienda con efectivos de paisano u otros medios. También inspectores de Hacienda podrían investigar los artículos y el stock del negocio.

Todos los negocios llevarían un coeficiente ganancial, que sería la relación entre ingresos y gastos, y nunca se podría superar ese coeficiente. Hacienda determinaría este coeficiente para cada tipo de negocio y ya veremos que no se puede superar porque el sistema informático no lo admite.

En cualquier negocio en que se descubra que se venden drogas, la solución sería cerrar el negocio, y cárcel por tráfico de drogas, con lo cual, para un pequeño beneficio que daría la venta de drogas, casi nadie se arriesga ría. Los grandes narcotraficantes se irían a otro país en donde no exista este sistema de control del fraude fiscal, evitándonos un gran problema.

En países donde esté autorizada la prostitución, se podría vender droga, pero quedaría registrada ésta venta, por lo que en una investigación de un drogadicto se podría analizar sus compras. Si son varios drogadictos a los que coinciden comprando en el mismo recinto, se puede establecer una vigilancia, o hacer una redada.

La prostitución es el mayor defecto para luchar contra el mercado negro, ya que si está legalizada, los empresarios tendrían máquinas de cobrar y se podrían vender armas e incluso explosivos.

Para paliar un poco todo esto, se tendrían limitar las ganancias por cada servicio que presten las meretrices, por lo que deberían estar prohibidas las prostitutas de lujo.

A pesar de ser el oficio más viejo del mundo, en España está prohibido, aunque consentido en clubes, donde a las meretrices les hacen contratos de camareras. En pisos particulares no está investigado, a pesar que se publicitan, por lo tanto también está consentida la prostitución en esos casos.

Tampoco se puede hacer una donación de dinero o bienes a personas que no sean familia en primer grado. Pero sí a nuestra familia en primer grado, tanto de dinero como de bienes.

Sección I.13. Cómo evitar la inmigración ilegal

No habría apenas inmigración ilegal, porque a los extranjeros solo se les permitiría estar un cierto tiempo en el país. Solo se quedarían por medio de un trabajo, o si son estudiantes.

Existen leyes internacionales por las cuales cualquier extranjero puede solicitar su entrada en países enviando su currículo. También los países solicitan extranjeros de determinadas profesiones de las que necesitan trabajadores. En resumen solo se admitirían extranjeros cuya estancia sea legal para trabajar o estudiar.

Los extranjeros que vienen de turismo solo pueden consumir con tarjetas de crédito o de débito. Todos los comercios estarían obligados a cobrar también con estas tarjetas.

El Ordenador Central sabría el tiempo que llevan en nuestro país, y si se exceden del plazo máximo de estancia se les localiza y se les echa del país (a no ser que sean ciudadanos de un país de la Unión Europea). También se pueden desactivar las tarjetas de crédito y de débito en nuestro país (ya lo veremos), por lo que tendrían que marcharse, ya que el Ordenador Central les marcaría en los servidores como personas en búsqueda y captura y no podrían consumir nada.

No pueden utilizar otras tarjetas, ni el pago por teléfono móvil (se sabe el país del móvil), porque cuando entran en el país tienen que declarar la tarjeta que van a usar. Esta tarjeta queda cargada en la base de datos del Ordenador Central previa comunicación de cualquier puesto fronterizo. Tampoco puede utilizar una tarjeta no legalizada para comprar artículos por Internet ya que se localiza el país desde donde se realiza la compra, y si está ilegalizada tampoco se puede utilizar. Si estoy legalizado en España puedo comprar por Internet artículos de otros países. Lo mismo si soy extranjero de turismo y no se ha consumido el tiempo de estancia.

Otra forma de control sería que en la frontera se registre la huella digital ligada a una cuenta corriente, cuyos datos de la cantidad del dinero que tiene esa cuenta quedan grabados en el Ordenador Central, el cual los carga en los servidores del sistema antifraude. No se cruza ese gasto en el sistema de contabilidad. Una vez que se marche del país se borra esa cuenta de los servidores. De esta forma el extranjero operaría como una persona del país.

Se pueden utilizar las dos modalidades porque habría países cuyas cuentas bancarias no tendrían la huella dactilar (países en los que no se ha implementado este sistema de control fiscal).

Para que sea rápida esta modalidad en el puesto fronterizo, se necesita que la banda magnética de la cuenta corriente tenga grabada nuestra huella, registrándola también en el Ordenador Central. Habría acuerdos internacionales para que la resolución de la huella sea la misma.

Con nuestro sistema, el inmigrante ilegal no tendría máquina de cobrar, con lo que no puede vender nada, ni tampoco estaría en el sistema de huellas, por lo que no puede pagar nada.

Así, por ejemplo, creo que los inmigrantes africanos que no declararan su país de origen, deberían ser encarcelados y, por supuesto, trabajar por su sustento, hasta que se les devuelva a su país, una vez confiesen de donde vienen. Eso sí, en la cárcel les daríamos una buena formación para que la utilicen en sus países al regresar.

Una solución para evitar tenerlos en cárceles sería averiguando de que país es cada uno. Para ello habría que participar con más ayudas económicas a África. A cambio tendrían digitalizados sus sistemas económicos y las huellas de todos sus habitantes. Así, desde cualquier estado se podría entrar en los diferentes Ordenadores de países Africanos, por satélite, hasta averiguar por su huella y posteriormente deportarlos, por supuesto.

En el terrible caso que el reo se corte los dos dedos índice o los queme con ácido para eliminar la huella digital; se quedaría en la cárcel hasta que nos diga su país de origen y podamos deportarlo.

La única forma de subsistir sería que trabajasen por la comida y la vivienda, no teniendo dinero para nada, con lo cual, lo lógico es que se fueran a otro país, porque aquí sería un esclavo.

Algunos incluso que traen a sus familiares para que la Seguridad Social se haga cargo de intervenciones quirúrgicas que no podrían afrontar en sus países de origen.

Toda esta inmigración ilegal es un serio problema en España porque utilizan nuestra Sanidad gratuita y reciben ayudas sin trabajar.

Todo este sistema de esclavitud sería fuertemente controlado, lo mismo que las prostitutas que no estén registradas en el sistema de huellas.

El empresario que niegue que esté usando a esclavos (sean prostitutas o inmigrantes) sería detectado por el sistema antifraude. Sería evidente dado el alto consumo en gastos como la comida, vestir, vivienda etc. El Ordenador de su Municipio lo detectaría, pudiendo investigar al sospechoso. Si tiene uno solo, igual no lo detecta, pero si tiene varios esclavos sí.

Se pondrían penas de cárcel de varios años al que tenga esclavos.

No se pueden admitir extranjeros dedicados a la venta ilegal como bolsos, productos electrónicos y otros artículos que le hacen la competencia a comercios legales, porque muchos no tienen declarada la actividad en Hacienda, ni el permiso del Ayuntamiento para ejercer la venta ambulante, y en qué sitios. Por ejemplo, a la entrada de una Iglesia no se puede comerciar.

La mayoría de la gente que viene de África no tiene apenas formación y actúa en la economía sumergida, por eso hay que darles de comer y una formación en sus países; quedándose allí vivirían mejor.

Esa formación se hace en África, por medio de ONGS, por lo cual los gobiernos tendrían que dar más dinero a estas ONGS, Cruz Roja, Caritas o Misioneros. La inmigración ilegal en Estados Unidos sería mucho más fácil de combatir sin necesidad de construir ningún muro, porque no vienen por el hambre como muchos de África.

Hay un artículo de los años 50 aprobado por casi 200 países que asegura que hay que acoger a las personas que corran peligro de vida. Es el caso de libios y sirios. Mi propuesta es que emigren, pero no solo a Europa, si no a esos 200 países.

Si empleamos solo tarjetas de crédito como quieren hacer en Dinamarca, no se puede evitar la inmigración ilegal, porque pueden emplear tarjetas de crédito y el empresario podría pagarles con transferencias bancarias a un banco de su país de origen, con lo que un inmigrante ilegal tendría dinero para sus gastos. En el sistema antifraude esto no lo puede hacer, lo veremos más adelante.

Sección I.14. La razón de por qué no se puede acabar con el terrorismo

Los Yihadistas están financiados por el oro, secuestros y obras de arte. Pueden ir a países donde no se aplique el sistema antifraude, comprando allí cualquier tipo de armamento.

Aunque se haga un control de armas, pueden robarlas, atacarnos con cuchillos o físicamente. Pueden alquilar un coche o un autobús y atropellar a las personas; es inevitable.

También el sistema puede impedir que se fabriquen explosivos, pero los traerían de otros países donde no se implante.

En países donde se adopte el sistema antifraude se prohibiría la venta de tanques y armas pesadas a grupos terroristas.

El terrorismo español de ETA está prácticamente desaparecido. Si vuelve a resurgir, como tienen empresas, pueden utilizar tarjetas de crédito, sacar dinero físico, y comprar armamento en el mercado negro de países donde no esté implantado antifraude, transportándolas, menos por avión, por cualquier otro medio.

No se puede impedir que un trabajador que esté de vacaciones viaje a países donde no esté el sistema y compre armamento, ya que los terroristas tienen empresas en la que los empleados pertenecen al grupo terrorista, pudiendo utilizar tarjetas de crédito., Solo se desactivan las tarjetas de las personas que estén ilegalmente en el país, y en busca o captura por la policía o por la Interpol.

Las ideas no desaparecen, pero es posible protegerse de ellas minimizándolas con un férreo control marítimo y terrestre. Por ejemplo todavía existe el Nazismo y no lo consideramos un riesgo dado el control que hay.

Tampoco se puede acabar con la mafia, ya que pueden amenazar un comercio obligándole a comprar sus productos, siempre y cuando no superen los rendimientos máximos. El dinero que no ganen por extorsionar económicamente un negocio, lo ganarían subiendo los precios de sus productos. Cualquier grupo terrorista puede operar como la mafia.

Se les puede hacer un seguimiento electrónico por sus consumos. También se pueden rastrear sospechosos vía sus amigos o contactos por coincidencia de consumos en varios sitios.

Una vez que estén en búsqueda y captura se los saca del sistema de huellas, y se desactivan las tarjetas de crédito en nuestro país con un registro en los servidores. Se les acabaría localizando. El sistema los trataría como delincuentes.

Sección I.15. La seguridad de nuestro sistema

El máximo responsable del sistema debería ser una persona insobornable.

Si se entra en el pentágono, pueden entrar en el sistema antifraude para hacer daño, como sucede actualmente con los virus de los Ordenadores.

Hay sistemas de Internet en los que nadie ha entrado, utilizaríamos la seguridad de estos sistemas. Los conocimientos necesarios para violar la seguridad de un sistema así deberían ser elevadísimos y es conveniente invertir en seguridad informática a alto nivel.

Además de tener a raya a los virus informáticos, también habría que detectar y eliminar cualquier sistema espía que pueda accede ral contenido del Ordenador Central.

Es un riesgo tener solo un Ordenador Central porque se puede estropear, o ser infectado por virus. Por eso, si se estropea, tendríamos otro de soporte o back-up siempre alerta. De todas formas también emplearíamos Ordenadores en cada Municipio que tendrían información del Ordenador Central (ya lo veremos).

Los hackers, para poder acceder, tendrían que conocer muy bien el sistema operativo del ordenador y entrar en su código maquina en ensamblador. El del pentágono fue cazado de esta manera. Hoy en día los hackers entran en los servidores de los bancos y roban dinero, pero es más fácil robar en una tienda. Lo mismo que la tienda, el banco repone el mínimo dinero que le roban, y sabe quién le ha robado y no lo denuncia porque desprestigia al banco. No afecta mucho a nuestro sistema, que es un control de la banca. Los hackers atacan a los bancos porque tienen datos fijos de nuestro dinero. El Ordenador Central puede comprobar que los datos fijos o reales del sistema antifraude, que están en otros servidores (ya hablaremos de ellos) y son chequeados cada minuto. Si han cambiado (se comparan los datos del banco contra los del servidor central del sistema antifraude)es posible restaurarlos, también detecta si el servidor está dañado, informando de ello. Ya veremos que en cualquier país renovar todo el sistema lleva menos de 15 segundos y en ese tiempo no se puede atacar. Si atacan los microprocesadores del Ordenador Central se utiliza el de recambio y se repara. En resumen el sistema antifraude es seguro, y atacarlo no produce ningún beneficio.

Sección I.16. El Ordenador Central, el dinero electrónico y el bunker

Habría un Ordenador Central capaz de controlar todo el proceso desde un bunker. Se emplearía el mejor Ordenador del mundo, cuya velocidad es de mil billones de operaciones por segundo.

Los traslados de dinero electrónico se producirían al cabo del día, teniendo en cuenta déficit y superávit de nuestro dinero que estaría almacenado de forma virtual en los respectivos bancos.

 Se produce déficit o superávit de todos los bancos porque la gente gasta dinero, el cual en muchos casos es de un banco a otro diferente.

Es el Ordenador Central sería el encargado de informar que un banco ha tenido déficit o superávit en un día con nuestro dinero, lo sabe debido a que cada persona o empresa, tiene una cuenta corriente ligada a un único banco para sus gastos e ingresos. O también, por ejemplo, una empresa solo manejaría una cuenta en un banco para este tipo de operaciones, aunque pueda utilizar otros bancos distintos para sus ingresos y gastos; solo las emplearían una cuenta para guardar beneficios.

Con el objeto de facilitar las posibles investigaciones y el funcionamiento del sistema, las tarjetas de crédito solo podrían estar ligadas a una cuenta corriente de huella dactilar.

Se sabría electrónicamente si el banco no tiene dinero. En este caso, si es nacional, se lo puede prestar el banco del propio del país, el cual sería muy fuerte con el sistema antifraude. Si es de otro país, le tiene que prestar dinero el banco de su país; todos los prestamos serían con dinero electrónico.

Todas estas medidas harían que los bancos no diesen datos falsos para entrar en bolsa; sería otra ventaja.

Sección I.17. Forma de operar

Todo el sistema antifraude se hace utilizando Internet, comunicando la máquina de cobrar con los servidores. El Ordenador Central captaría los datos de estos servidores.

Hoy en día existen teléfonos móviles que tienen Internet, con lo que sería fácil que la máquina de cobrar tenga Internet.

En la actualidad ya hay teléfonos móviles que leen la huella digital, así solo lo puede utilizar el dueño, con lo que sería fácil que la máquina de cobrar nos lea nuestra huella digital.

La máquina de cobrar sería entonces del tamaño de un teléfono móvil, con lo que se podría llevar a cualquier parte.

La gran ventaja en supermercados, bares, o cualquier otro negocio es que no nos tendrían que dar las vueltas del dinero. También es útil y seguro para las terrazas que cobren al servir, ahorrándole tiempo al camarero.

Al utilizar Internet, la mayoría de los datos estarían en el Ordenador Central, ya que los extrae de los servidores. Habría que dotar de rapidez a estos servidores, porque son éstos los que nos van a localizar nuestra huella digital.

Ya he comentado que momentáneamente la información estaría en servidores, que una vez llevados los datos al Ordenador Central, serían borrados de los servidores, menos los datos fijos que definiremos en otra sección.

La máquina de cobrar tendría como registro el NIF del comercio, sea autónomo, o una sociedad anónima, limitada etc.

Esta máquina sería propiedad de Hacienda, por lo que habría que devolverla por correo en caso de cese de la actividad comercial. Solo se entregaría a autónomos o sociedades.

Hacienda no nos cobra nada por la máquina o máquinas de cobrar, ya que tendría más dinero que ahora procedente del fraude fiscal.

Sección I.18. El problema de niños, adolescentes y cuando se muere alguien

Los adultos tendrían ligado la huella a una cuenta corriente de un único banco para sus gastos e ingresos.

Al niño habría que controlarle el gasto. Hasta la mayoría de edad, los niños no podrían estar dados de alta en el sistema de huellas. Además, el tamaño del dedo cambia de tener 7 años a 14, con lo que sería otra complicación.

El niño tendría una tarjeta similar a las especiales para Internet de los adultos. Esta tarjeta tendrá el DNI del padre, madre o tutor, en caso de contraer deudas.

Existirían unos cajeros especiales en donde el padre o cualquier pariente en primer grado, introduce la tarjeta del niño para hacer transacciones de la cuenta corriente del padre o pariente a la tarjeta del niño. El padre o pariente introduce su huella y la tarjeta del niño. Se comprueba el parentesco en primer grado, y se acepta o rechaza dar dinero al niño.

Todas las transferencias de los familiares se hacen desde la cuenta ligada a la huella, no de las demás cuentas. Queda registrado el concepto: Donación de dinero a un familiar.

El cajero le cobra el 0,5% del dinero que le transferimos al niño.

Este cajero no se necesita para mayores de 14 años, ya que éstos pueden abrir una cuenta corriente conjunta con su tutor, haciéndole este u otros parientes transferencias. En este caso, el menor puede recargar su tarjeta en cualquier cajero de un banco.

El funcionamiento sería como las tarjetas especiales de Internet, que permite hacer compras, muy útil cuando se está fuera de su provincia o en el extranjero.

El menor mayor de 14 años, en un país diferente al suyo, puede abrir una cuenta corriente a su nombre. Habría acuerdos internacionales para permitir esto. Los demás menores pueden tener una cuenta corriente en la que figure también su tutor en el extranjero.

Al transferirse dinero al niño, el sistema lo asigna como una transferencia más, la cual puede ser superior a 50 euros, porque es de un familiar.

Originalmente tendrá dos cuentas. Si pierde una, utiliza la otra mientras va a la Delegación de Hacienda de su Municipio. Al perderla se queda sin el dinero cargado. Estas tarjetas tienen una clave para que solo la utilice el menor. No llevarían la huella como la tarjeta de empresa porque varía la huella al estar creciendo el menor. Ya hablaremos de la tarjeta de empresa.

 En todos los sitios donde consuma el menor, se le indica la cantidad de dinero del que dispone, para que el menor controle sus gastos.

Si no tiene dinero para pagar, se coge información de la cuenta del padre, madre o tutor, transmitiéndole a él el pago. Se hace automáticamente porque la tarjeta contiene el DNI del tutor, con lo que se le transmite el pago. Para evitar esto se hace, como castigo, que la tarjeta del niño no se pueda utilizar en dos días.

Sería conveniente que los niños no utilizasen la tarjeta hasta que tuvieran uso de razón; alrededor de los 7 años de edad. Hasta esa edad, los padres pagarían los gastos de cualquier producto que quiera el niño, porque no es normal dejar solo a un niño de menos de 7 años.

Cuando el adolescente viaje a países donde no existe el sistema antifraude, se le dará dinero de ese país, porque estas tarjetas son similares a las de internet, pudiendo sacar dinero físico en cajeros del extranjero que no tengan adoptado el sistema. Para ello previamente hay que recargarla como suele hacerse con las tarjetas especiales de Internet.

Cuando el adolescente llegue a los 18 años se le hace una cuenta corriente propia ligada a su huella dactilar, diferente a la que tendría a los 14 años, porque en ésta figura el tutor. Primero en un banco, haciendo un ingreso de todo el dinero que tiene cargado en su tarjeta, la cual queda anulada automáticamente al cumplir los 18 años, a continuación se va al departamento de DNI con su cuenta corriente. El organismo que gestiona los DNI lo lleva a la base de datos del Ordenador Central con su huella dactilar, la cuenta del banco, y la cantidad de dinero que tenemos en el banco.

El ingreso de la huella se hace vía telecomunicaciones, entre el organismo que nos gestiona el DNI y el Ordenador Central. También se carga toda la relación familiar de este.

En la próxima comunicación del Ordenador Central con los servidores, se carga en los servidores a todas las personas nuevas.

Si trabaja tendrá para sus gastos, caso contrario, serían familiares en primer grado los que le harían transferencias a esa cuenta.

Lo mismo ocurre cuando una persona cambia de Padrón Municipal, se rectifica la nueva dirección, cargándose también en servidores.

En países en los que pueda trabajar el menor, la empresa puede transferirle dinero al adolescente, previo conocimiento del Ordenador Central de la empresa en la que trabaje, permitiendo la transferencia de su sueldo.

El menor al consumir queda registrado como un ingreso del comercio en el que ha hecho el gasto, pero no se cruza este gasto al hacer la contabilidad, ya que no hace declaración de Hacienda.

Cuando muere alguien se borra del Ordenador Central su huella y su relación con los diferentes familiares, así como de todos los servidores. De ésta manera el sistema de búsqueda de la huella es más rápida.

Para la herencia de un fallecido se opera exactamente igual que ahora. El dinero y las propiedades se reparten según el testamento, pagando lo correspondiente a Hacienda como hasta ahora. Es automático porque la información de ese pago llega al Ordenador Central.

Sección I.19. Cuando viajamos al extranjero

Necesitamos dinero del otro país, pero no lo podemos utilizar en el nuestro. La solución es que en países donde no se adopte el sistema antifraude haya cajeros en los que se pueda sacar dinero físico, en moneda de ese país, con una tarjeta de crédito.

Si adoptan el sistema antifraude le decimos nuestro país, con lo que por medio de nuestra huella pagamos sin necesidad de sacar dinero físico, porque se realiza una comunicación entre países.

Es muy conveniente que haya cajeros en los aeropuertos del extranjero, o en los hoteles, así nada más llegar al país extranjero sacamos dinero físico de ese país.

Sección I.20. El problema de un extranjero cuando se queda a vivir en un país distinto al suyo

Si tiene un contrato de trabajo o es estudiante, puede incorporarse al sistema de huella dactilar, pero tendría que abrir primero una cuenta en un banco para sus ingresos y sus gastos. A continuación, hacer todos los carnets, tanto el de la Seguridad Social, como uno especial de identidad, figurando como extranjero.

Tendrá el extranjero mayor de edad derecho al paro, una vez agotado, se le borra del sistema, teniéndose que marchar a su país de origen porque sería capaz de comprar nada. El dinero que tenga en el banco lo puede transferir en cualquier momento a una cuenta de su país por Internet, pero desde su país, porque en un país que esté ilegal no lo podría hacer.

En el caso del estudiante, se le borra del sistema de huellas y es expulsado, una vez acabado los estudios o si los abandona, si en un período de 6 meses no encuentra trabajo.

El extranjero tiene que dar información de todos sus familiares, para que le puedan hacer transferencias de dinero. En el caso del estudiante, solo es necesario que de dato de los familiares en primer grado.

Sección I.21. Las transferencias de dinero entre personas, bancos y empresas

Podemos transferir dinero de un banco asociado a nuestra huella, a otro banco de una empresa para pagar una factura, con una clave que es generada por un servidor del sistema antifraude. Las veremos más adelante. Se aplica sobre todo en la exportación, importación y en pagos que no son al contado, porque el transporte es ajeno a la empresa. Tiene la enorme ventaja de que no permite que haya deudas.

Al tener diferentes cuentas corrientes, puedo transferir dinero utilizando internet a la cuenta asociada a la huella. Desde la cuenta de la huella se pueden hacer transferencias para aumentar el capital de nuestro negocio, sociedad limitada etc. También comprar acciones, con lo que funcionaría, en este aspecto, la banca igual que ahora para la cuenta de la huella.

Se puede transferir cualquier cantidad de dinero entre las demás cuentas. Lo que no se puede es transferir dinero para pagar facturas o aumentar el capital de nuestra empresa de las otras cuentas, porque el sistema lo detecta debido a que no encuentra esa cuenta como asociada a la huella en los servidores

Los servidores del sistema antifraude admiten transferencias entre una cuenta de ingresos y gastos, a otra que también sea de ingresos y gastos. Las otras cuentas son inútiles, además tienen gastos, aunque se permitiría tenerlas, ya que al hacer transferencias desde estas, se entra en el servidor del banco, y el sistema detecta que es de la misma persona o empresa.

Si alguien nos envía una transferencia desde el extranjero, no la admite el sistema informático del banco si no es una cuenta de ingresos y gastos, ya que los servidores tienen una base de datos de la cuenta corriente ligada a nuestra huella dactilar. Se sabe el país del que viene por el código IBAN. Es útil para saber si esa tercera persona nos paga desde el extranjero por un trabajo. Para cualquier operación bancaria se pone en contacto con un servidor del sistema, para autorizar la operación.

Podemos fijar nuestra residencia en cualquier país de la Unión Europea, teniendo obligatoriamente que tener nuestra cuenta asociada a la huella en el país de residencia.

Habría una conexión entre el Ministerio de Trabajo y el Ordenador Central, el cual sabría los contratos de trabajo de las empresas, así como el número de los trabajadores, para que cualquier servidor pueda permitir transferencias, del sueldo y comisiones, u horas extras de una empresa al trabajador.

El Ministerio de Trabajo transmite el nuevo trabajador al Ordenador Central, el cual lo graba en todos los servidores del país. Más adelante diremos que se hace por correo electrónico diferente para cada Municipio.

El salario base lo cobra el trabajador al día o a la semana, y automáticamente. Las retenciones tanto de personas como de empresas también se cobran al día o a la semana, así como la Seguridad Social. Una vez al mes cobra por incentivos, comisiones, horas extras o aumentos de sueldo, con las correspondientes retenciones. Esto se hace para que la gente no gaste por encima de sus posibilidades.

Si son sumas de más de 50 euros al día para una persona que no sea familia en primer grado, no está permitido hacer una transferencia bancaria, el sistema no la admite; pero sí a una empresa.

Lo mismo que si una persona física recibe dinero por valor de más de 300 euros al mes o 3.600 euros en un año de diferentes personas, el sistema antifraude no le admite que reciba más dinero, porque podrían estar vendiendo droga, a no ser que sea de unos determinados negocios como filatelias, casinos, hipódromos etc., que ya veremos después.

Cada persona, según el Registro Civil, tiene familia en primer grado, pudiendo transferirse entre ellas cualquier cantidad de dinero.

Habría una conexión entre el Registro Civil y el Ordenador Central, de forma que cuando se casan dos personas, queda el parentesco en primer grado, pudiéndose transferir de una cuenta del banco del hombre a la mujer y viceversa. Lo mismo entre cuñados, sobrinos, tíos, etc.

El Registro Civil hace llegar la información al Ordenador Central de los nuevos parientes, y este los carga en todos los servidores del país.

En caso de divorcio, no quedaría anulado el parentesco, pero queda prohibido transferir entre ex cónyuges más de 50 euros. Pueden quedar como amigos, pero cara a la ley, queda anulado el parentesco entre el hombre y su ex mujer. Sí tiene que cumplir con los montantes que estipule el Juez, en su caso. Se encarga el Ordenador Central automáticamente de que cobre al día o a la semana el que corresponda, y si no tiene el dinero se le embarga. El divorcio se da a conocer por medio del Registro Civil al Ordenador Central.

Para parejas de hecho, se admite que se presten cualquier cantidad de dinero, pero no para familiares de la pareja, porque legalmente no tienen parentesco.

Sección I.22. Cómo funciona el sistema de pagos hecho por el autónomo y el empleado

Ocurre lo mismo que en el caso del niño, empleamos tarjetas que no son de crédito o débito.

Para pagar se utiliza la tarjeta, y esta tiene el NIF de la empresa, para permitir hacer las transferencias de dinero, y la profesión dentro de la empresa para calcular si el gasto es deducible dependiendo de esta.

Es como si fuese un dedo virtual, con la diferencia de que habría gastos deducibles. Solo se necesita el NIF, el puesto en la empresa y la Delegación si la tiene, porque los servidores conocen la cuenta corriente del banco de la empresa.

La tarjeta no tiene dinero como la del menor.

Al abrir una sociedad o cualquier empresa, Hacienda comunica al Ordenador Central el alta de la empresa o negocio creando una página WEB de la empresa en la que figure su contabilidad.

Hay que tener previsto un sistema en el que al empleado no le roben la tarjeta y la utilice otra persona. Lo que se hace es que la tarjeta contenga la huella dactilar del empleado, siendo la máquina de cobrar la que examine si es cierta.

También hay que tener previsto que el empleado sea despedido, o se le acabe el contrato y no se lo renueven; o también que la pierda, pues se le hacen dos, a similitud de las llaves del coche, pero lo lógico es que solo lleve una encima, y cuando la pierda mientras le den otra, utilice la segunda. Ambas tarjetas, la original y la supletoria deberían tener el mismo código, de tal forma que cuando el empleado ya no tenga derecho a usarla por ejemplo, despido, se anularían las dos.

Estas tarjetas, como las máquinas de cobrar, serían propiedad de Hacienda y llevarían un código que indique si la tarjeta es operativa o no. Si se le cesa, Hacienda la desactiva. También queda desactivada en el caso en que cometa un delito.

Cuando un empleado recibe por primera vez la tarjeta, Hacienda se pone en contacto con un servidor para coger la huella y grabarla en la tarjeta. Lo mismo podemos hacer con las demás tarjetas de crédito, débito y carnets.

No es necesario devolverlas a Hacienda, hay sitios, por ejemplo, en las zonas de costa en los que los empleados temporales (los camareros de zonas turísticas) solo trabajan por el verano y cada verano. En estos casos la tarjeta se activaría cada vez que el empleado se reincorpore a la misma sociedad.

Para desactivar la tarjeta, informamos por correo electrónico al Ministerio de trabajo, digitalizando el documento de despido en un fichero. Habría en este Ministerio personal que informe al Ordenador Central de la baja a través de un servidor. Cuando se renueven los datos de los servidores llega ésta información al Ordenador Central.

Cada Municipio dispondría de una oficina del Ministerio de Trabajo para que no se colapse un único correo electrónico. Debido a que hay muchos trabajos temporales, entre ellos existen los de un día o unas horas, es necesario informar a esas oficinas de trabajo municipales al momento de la incidencia. Un ejemplo sería el registro de los camareros extras de las bodas.

El correo electrónico que nos corresponda puede ser, por ejemplo, 1125@Mtrabajo.es si es en España, para otros países la extensión sería diferente. Por ejemplo, en México, <u>2033@Mtrabajo.mx</u>; y de otra oficina diferente <u>1521@Mtrabajo.mx</u>.

Averiguamos el correo que nos corresponda en la WEB de nuestra empresa, desde donde lo enviamos (no es necesario saberlo de memoria). Este correo, además de servir para documentos de despido, se utiliza para hacer contratos. Lo normal es que lo haga una asesoría, o si es una empresa técnicos en la materia.

Los contratos parciales de un día o menos no utilizan tarjetas de empresa.

Si tenemos prisa, es posible acudir en persona a estas oficinas, donde sabrán los datos de la empresa, para poder activar o desactivar las tarjetas así como dar de alta o baja a un trabajador.

En el Ministerio de trabajo, por el contrato, sabe el DNI internacional del trabajador, que es lo que envía al Ordenador Central, y este a los servidores para admitir las transferencias de dinero electrónico sin ser familia en primer grado.

Las tarjetas de empresa serían válidas en países extranjeros que tengan nuestro sistema. Sería útil para pagar la gasolina, la comida, el hotel, etc., de un trabajador que vaya al extranjero, porque estos gastos serían deducibles.

Si va a un país donde no tengan adoptado el sistema antifraude, la tarjeta de empresa no le sirve para nada. Pero sí le puede servir para deducir los gastos la tarjeta de crédito de la empresa, porque en su banco quedan reflejados los artículos, por ejemplo, los gastos del hotel. Se puede saber si son deducibles.

Sección I.23. El control del sistema PAYPAL y otros sistemas de Internet

El sistema PAYPAL, que para el que no lo sepa es algo así como tener nuestro correo electrónico asociado a una cuenta corriente para pagar a otro correo electrónico (también sujeto a una cuenta corriente), debería ser controlado.

Solo conocemos la dirección de correo electrónico de quien quiero recibir o a quien quiero enviar dinero, pero no su banco. Es un sistema de pago por Internet más seguro que las tarjetas de crédito, pero es más caro (un 4%). Es un control más de dinero electrónico, el cual es de mayor cantidad que el físico.

Todas las compras y ventas por PAYPAL las tiene que conocer el Ordenador Central, para hacer nuestra contabilidad, lo mismo que las empresas en que compremos. En nuestro banco, en donde podemos tener cuenta asociada a PAYPAL, suben automáticamente los ingresos y gastos de PAYPAL a servidores para que llegue esa información al Ordenador Central. Obligaríamos a PAYPAL a operar en los países donde se haga el sistema antifraude a este control, lo mismo para la Western Unión y pagos de productos por Internet. Estas empresas deberían aceptar estar intervenidas, como los bancos, para que el Ordenador Central sepa todos sus movimientos.

Puede haber alguien que esté vendiendo productos sin licencia fiscal por medio de este sistema. Las cantidades que al cabo de un mes superen los 300 euros, no las admite el sistema, con lo que nos ahorramos la investigación. Como he comentado anteriormente, es admisible esta pequeña economía sumergida. Que se quede tranquilo el que quiera seguir vendiendo sus películas descatalogadas, revistas etc.

Para cantidades mayores de 300 euros al mes, se tendría que constituir una empresa legal y entraría dentro del sistema controlado.

Las cantidades de menos de 300 euros pueden producir algo de fraude fiscal si se recibe legalmente más dinero y se tiene que pagar a Hacienda. En España el que gane menos de 12.000 euros está obligado a hacer la declaración de la renta en Hacienda.

En sistemas como Western Unión, solo se puede enviar dinero a familiares en primer grado si superan los 300 euros al mes. Se conecta, al igual que los bancos, con un servidor, para autorizar el enviar o recibir dinero. Podríamos mandar dinero por medio de Western Unión a una empresa que le queremos comprar algún artículo. Al detectar el servidor que el envío es a una empresa lo autoriza, recibiendo el Ordenador Central ésta información.

En los sistemas de pago por Internet funcionaría como hasta ahora con tarjetas de crédito o de débito, que el Ordenador Central conocería del mismo modo que lo descrito por PAYPAL.

Solo se permitiría, además de Internet, utilizar tarjetas de crédito si no tenemos dinero o somos extranjeros de turismo.

Sección I.24. Cómo realizarlo en países de diferente moneda

Como los pagos son electrónicos, no habría ningún problema en las transacciones entre distintas monedas En realidad, serían como los que hacemos en la actualidad. Se realizarían todos los pagos internacionales entre los diferentes países, bien sea por tarjeta o huella, como ahora mismo.

Por poner un ejemplo: se puede hacer común entre toda la Unión Europea y Estados Unidos, siendo las transmisiones vía satélite. En el pago con huella elegimos el país si somos extranjeros.

En caso de países arruinados económicamente no se comerciaría con ellos. A cambio, se promovería la solidaridad, como es la labor actual con África, actividades altruistas sin fines de lucro.

Si se hace en España se tiene que hacer en toda la Unión Europea. Por el tratado *Schengen* de circulación de personas. Por ejemplo: se hace en España y en Francia no, al entrar un francés en España sin haber fronteras su huella no está registrada, ni tampoco su tarjeta de crédito al no haber fronteras. En consecuencia no puede consumir nada en España.

Si desaparece la Unión Europea se puede hacer en países individuales, pero dicen los economistas que es muy conveniente. Mi opinión es que nuestro mayor problema es el fraude fiscal; una vez eliminado podemos prescindir de la Unión Europea, porque somos la China de Europa con sueldos muy bajos dado el abuso de Alemania además de que el Banco Europeo ya ha anunciado que dentro de un año van a subir los tipos de interés, lo cual hundiría tanto a España como a Italia.

Si España se marcha de Europa no pasaría nada grave porque el 50% de nuestra economía es Francesa y Alemania, por eso aun marchándonos nos pueden rescatar.

CAPITULO II

La Tecnología

Va a leer en los dos próximos capítulos la demostración de cómo se consiguen todas las ventajas de un sistema de huellas digitales, comprobada y aprobada por un experto en Internet. Ya hemos adelantado algo en el capítulo anterior. No hay que tener conocimientos de internet, ya que explicamos básicamente como funciona.

Esta tecnología es muy fácil de programar en comparación, por ejemplo, traductores de idiomas. Se pudo hacer hace muchos años. Si no se hace es por culpa de nuestros nefastos políticos que estarían muy controlados y no les conviene, solo les interesan sus carreras políticas y no arreglar el país.

Sección II.1. Las máquinas de cobrar

Las máquinas de cobrar tienen que emitir una factura, con lo que tendrán que llevar un teclado y una pequeña impresora. El teclado sería como el de los teléfonos móviles, en pantalla. En analogía con estos, tendrán conexión a internet para cobrar si se desplazan de un sitio a otro.

Un fontanero tendría un programa específico, en su máquina de cobrar, por códigos de las piezas, escribiendo el artículo hasta dar con el adecuado. Por ejemplo, busca las piezas tecleando de forma similar a Google; salen palabras y se elige el artículo que buscado.

Siempre será posible grabar un nuevo precio, diferente al que nos sugiere el que está grabado en la máquina que nos da Hacienda con los artículos actualizados, pero ajustándose a unos rendimientos máximos y mínimos. Vendría el precio recomendado, el mínimo y el máximo. No nos permitiría poner un precio más bajo o más alto, con lo que nos aseguramos los rendimientos máximos y mínimos de los negocios.

Dependiendo de la actividad del negocio, las máquinas de cobrar tendrán programas diferentes, a pesar de que la máquina, en muchos casos, sea la misma físicamente.

Se actualizan las piezas nuevas por Internet, poniendo el precio deseado como nos actualiza el antivirus, pero sin ser más bajo del mínimo o más alto del máximo. También está limitada la mano de obra. La actualización es diferente para cada profesión o empresa.

Cualquier artículo nuevo se introduce directamente en el Ordenador Central, el cual una vez clasificado, y elaborado su código de barras se introduce en todos los servidores, con el correspondiente IVA y a las profesiones en el cual sería deducible.

Un comercio podría tener las máquinas de cobrar conectadas en red y el servidor de la misma las actualizaría a todas para cambiar precios, por ejemplo, cuando se hacen ofertas en un supermercado.

También tendrían que leer códigos de barras como el EAN, lo cual sirve para muchos negocios como los supermercados.

La impresora sería pequeña, emitiendo un tique con el NIF de la empresa, los artículos de la factura y nuestro NIF, o nuestro DNI si la factura es para un particular.

No hace falta que se tenga una máquina registradora, ni un Ordenador para saber la caja que se ha hecho, porque se puede entrar en la contabilidad de un negocio con un simple teléfono que tenga Internet. Miramos nuestra WEB.

Sección II.2. Las facturas

La factura física (hecha en papel en oficinas o impresa una vez acabado el trabajo) y la digital (creada internamente en la máquina de cobrar, con todos los artículos y el importe total de ella, para que la admita el cliente) son dos comprobantes válidos de la transacción.

Una vez que el cliente ha pagado con la huella, tarjeta de la empresa o comercio, sale impresa de la máquina de cobrar y es necesario comprobar que es la misma que traía escrita el prestador del servicio. Si no es correcta se rectifica. El resto es subirla por la propia máquina a un servidor del sistema antifraude. No es necesario guardar las facturas en papel porque son almacenadas en la WEB de cada empresa o banco. Está todo registrado por lo tanto los inspectores de Hacienda no nos van a pedir las facturas, siendo las investigaciones más fáciles. Solo se personarán cuando observen algo irregular, por ejemplo, si puede existir la posibilidad de que le estemos vendiendo drogas a una persona, ya lo veremos más adelante.

Sección II.3. Cómo evitar una guerra entre bancos

Habría que tener una legislación para que las comisiones de los bancos fueran las mismas para cualquiera de ellos en el sistema de cobros y pagos, con lo que no habría una guerra entre bancos para captar clientes.

Por ejemplo, en movimientos de menos de 100 euros, en el sistema antifraude, los respectivos bancos no cobran. Es posible poner un 0,1% para que no ganen los bancos mucho, y en perjuicio de los comercios donde compremos. Es solo un ejemplo porque con las tarjetas de débito y de crédito cobran un 0,6%; me parece excesivo.

Sección II.4. Las diferentes máquinas de cobrar

Estas máquinas que he descrito son para la generalidad de los comercios, menos en filatelias, hipódromos, loterías etc., en los que la máquina de cobrar, haría una función inversa: nos pagaría a nosotros. Las farmacias y asociaciones sin ánimo de lucro, tendrían también diferentes máquinas como comentaremos después.

En todos aquellos comercios en los que se realice el cobro por medio de nuestro dedo, la cantidad máxima puede superar los 50 euros al día porque nos lo paga una empresa, y no un particular. Por ejemplo, una filatelia a la que vamos a venderle nuestra colección de sellos.

Para pagar a un extranjero en cuyo país no tengan adoptado nuestro sistema, se haría por medio de la máquina de cobrar por tarjeta de crédito o de débito.

Esta máquina se podría diseñar para que además de cobrar a las respectivas tarjetas, también pague al banco al que pertenezca la tarjeta.

Para pagarnos a nuestro dedo (nuestra cuenta asociada a la huella), la máquina lee la huella y se comunica con un servidor para localizar nuestra cuenta corriente. La máquina hace una transferencia automática de la cuenta del comercio a la nuestra. Esa transferencia queda en un servidor recogiéndola el Ordenador Central.

Si es extranjero se comunica la máquina con la central de datos de la tarjeta averiguando nuestra cuenta corriente y hace lo mismo que lo explicado para la huella. Nos pueden pagar a 30, 60, 90 o más días que tengan pactadas ambas partes.

Tendrían un botón especial donde se indica el número de días. Una vez finalizado el plazo, el Ordenador Central la cobra automáticamente.

Cada comercio pediría a Hacienda el número de máquinas que requiera.

Sección II.5. El Ordenador Central y los servidores

El Ordenador Central, como comenté anteriormente, tiene que ser muy veloz para ser capaz de actualizar la información en tiempo real.

El sistema estaría basado en servidores, como funciona Internet. Estarían en sitios seguros donde haya vigilancia para evitar sabotajes.

Si se estropea un servidor, durante el tiempo de reparación, la información llegaría a otro servidor del sistema antifraude.

Todos los servidores del país estarían conectados por fibra óptica, o por cable de cobre en zonas donde todavía no haya llegado la fibra óptica.

La máquina de cobrar enviaría por fibra óptica, cable de cobre o satélite al servidor más próximo el NIF del comercio, su número de Delegación (porque puede tener varias delegaciones), la huella del cliente y el importe total de la factura. Este, a su vez., localizaría la cuenta corriente de la persona que compra. Ya veremos en el capítulo III que también envía los artículos de las facturas. En transacciones de autónomos (un fontanero por ejemplo) sube la información por satélite. Si es una empresa que tenga red WIFI sería por medio de fibra óptica o cable de cobre.

Lo hace de forma similar a cómo operan los teléfonos móviles con Internet. La diferencia es que el móvil coge un servidor que se comunica con el servidor que tiene la página web, por eso tarda más que el sistema que propongo, y además, tiene que bajar mucha información.

En el sistema antifraude, una vez localizada la huella, se envía el dato del dinero que tiene apuntado en el servidor para autorizar los pagos, el nombre y DNI del cliente. Si es una empresa no envía el NIF, ya que lo tiene grabado en la tarjeta de empresa.

Hay móviles con Internet que operan muy rápido sin estar conectados a una red WIFI, aunque a veces no tienen cobertura. Si es un autónomo que se desplaza, tiene que tener cobertura donde vaya a cobrar. Si no tiene cobertura se conecta a la red WIFI de la casa donde tenga que cobrar o pide el favor de conectarse a cualquier comercio cercano, o a una casa de un vecino que tenga red WIFI. Esta posibilidad es rara pero puede suceder en algunas aldeas apartadas.

En cafeterías con más de una máquina de cobrar, éstas estarán conectadas entre sí por un sistema en red con la WIFI correspondiente, para que cualquier camarero pueda cobrar, sin ser él el que sirvió las consumiciones, cada máquina tendría un programa especial para cafeterías.

Cada comercio tiene cargado en su máquina de cobrar un programa específico para el tipo de negocio que sea.

Sección II.6. Los datos fijos de los servidores

Inicialmente el Ordenador Central es alimentado con datos personales de los usuarios: la huella digital de ambas manos, nombre y dirección, código postal, DNI Internacional, cuenta bancaria (la escogida para los ingresos y gastos con la huella). Toda la familia en primer grado, mayor de edad con su correspondiente DNI Internacional, menores de más de 7 años que también tendrían carnet de identidad, cuentas bancarias de menores que sean familia en primer grado, tarjetas de los menores con un código que indique su operatividad, todas las asociaciones a las que pertenecemos, el límite de dinero que se puede donar a esas asociaciones, y código que indique si está en búsqueda y captura. Las tarjetas de crédito o de débito con un código que indique si se pueden usar.

Todos estos son los medios de pago que dispone un particular.

Cuando el particular participa en asociaciones, la aportación por parte de los socios estará limitada dependiendo del tipo que sea. No es lo mismo un club de tenis que un partido político. Hacienda determinará el límite de cada una de ellas.

Para una empresa, los datos a cargar en al Ordenador Central se-rían: NIF Internacional, dirección, código postal, cuenta bancaria, correo electrónico para notificaciones, y otro de su Delegación del Ministerio de Trabajo, la actividad comercial de la empresa (para calcular los gastos deducibles), DNI internacional de todos los trabajadores para autorizar las correspondientes transferencias y pagarles su sueldo, tarjetas de empresa con un código de operatividad que deduzca si se pueden utilizar. También todos los artículos existentes en el mercado con las correspondientes profesiones que sean deducibles de gasto. Se almacenarían por códigos, con lo que ocuparían poca memoria a pesar de ser muchos ítems.

También tendrían los precios máximos y mínimos de los artículos y las profesiones.

Si los artículos son de bebida o alimentación, el servidor deduce si le ha cobrado un bar o un restaurante, haciéndolo deducible o no. Por ejemplo, para un político sería deducible. Si es un bar, restaurante o supermercado el que efectúa el pago sí sería deducible. También lo sería la comida para el restaurante.

Si la empresa tiene delegaciones o es una multinacional, se introduce en el sistema como si fueran distintas sociedades (cada Delegación tiene su propia WEB) pero con la cuenta bancaria y el NIF común. Las tarjetas de los empleados, de los distintos lugares, tendrían el número de la Delegación para localizarlas el servidor del sistema antifraude.

En este caso el registro del servidor será el NIF más el número de Delegación. Al final del ejercicio anual se hace la contabilidad de todas ellas en conjunto, porque unas pueden tener pérdidas y otras ganancias.

Cuando se destruya la tarjeta de empresa, esta es borrada también del servidor, lo mismo que la del menor que cumpla 18 años.

Otro dato fijo son todas las calles del país con su código postal.

El Ordenador Central sería capaz de deducir las asociaciones sin ánimo de lucro, ONG e instituciones, como un Ayuntamiento, al poseer un NIF y así se admitiría cualquier transferencia a ellas. Tendrían un código que les permita cualquier aportación de dinero.

Sección II.7. Trucos para mejorar el sistema

Sería preferible no conectarse directamente con el banco, ya que este se tendría que conectar a su vez al Ordenador Central: dos conexiones, y no sería un sistema muy inteligente.

La realidad es que al final del día, el sistema sí se conecta con todos los bancos para hacer un volcado de información desde el Ordenador del Municipio a cada sucursal bancaria, que sería útil para las consultas de las personas que no tengan Internet, y también imprescindible para conocer cada sucursal del banco sus movimientos. Es lo mismo que ocurre con las transferencias hechas con la banca electrónica.

Para que el sistema fuese más rápido, cada servidor tendría todas las huellas de gente de más de 18 años del país, y nos ahorraríamos la conexión entre el servidor y el Ordenador Central cada vez que se hace un pago.

Otro truco informático sería: generalmente la mayoría de las personas va al mismo supermercado o a los mismos bares, dotar a las máquinas de cobrar de suficiente memoria para guardar la huella de los clientes cotidianos y el registro del servidor, con lo que ahorría al servidor la búsqueda de huellas.

Sería como pagar con cualquier tipo de carnet, siendo más rápido porque el servidor no busca, va directamente con el código del DNI Internacional, que lo ha extraído anteriormente del servidor del sistema antifraude al hacer el primer pago en ese negocio. La máquina de cobrar guarda la huella y el DNI. Si se paga con cualquier otra tarjeta, no tiene que registrar nada.

Esta idea hay que precisarla más cuando se ponga en funcionamiento el sistema. En un principio se pone una base de clientes de las personas que solo hayan entrado una vez al negocio, con lo que si consume más de una vez en un día tenemos su DNI. Es la primera búsqueda.

Si no vuelven en dos meses, se le borra de esa base de datos. Si han entrado tres días distintos los llevamos a la zona de clientes, que es donde hacemos la consulta de la huella dactilar por medio de la máquina de cobrar, la cual lo haría más rápido que un servidor, porque tiene que consultar menos huellas. Esta sería la segunda búsqueda.

El defecto es que utilice una vez el dedo índice derecho y otra vez el izquierdo. Eso sí ha consumido una vez sola con el derecho y otra vez con el izquierdo en un día. Grabamos las dos huellas con lo que si se es cliente habitual no hay problema.

Si en dos meses deja de consumir en ese comercio, la máquina de cobrar asimila que ha dejado de ser cliente habitual, o que se ha muerto, borrándolo automáticamente de su base de clientes.

Para que le sea más rápido al servidor localizar la huella, empleamos el siguiente truco: si el negocio está en una calle, primero ve las huellas de las personas empadronadas en esa calle, ya que un dato que le enviamos al servidor es el NIF del negocio (con su Delegación si la tiene), con lo que localiza el servidor la dirección del negocio.

Si no localiza la huella de un cliente en la calle, comprueba en calles próximas al comercio, después en pueblos cercanos, provincias más próximas, etc. No tiene que buscar en todas las huellas que tenga el servidor del sistema antifraude, sino que la búsqueda es ordenada y lógica.

Esta última idea se realiza organizando la búsqueda por códigos postales. Una vez localizado el código postal de la empresa, se buscan las huellas de las calles próximas por el mismo código postal o el posterior. Sería más sencillo que cada calle tuviese un código postal propio.

Sección II.8. El sistema robot del Ordenador Central

El sistema robot del Ordenador Central actualiza la información de los servidores.

Si hay, por ejemplo, al empezar el día 1000 euros en el banco en el que tenemos ligada una huella o una empresa, y se realiza un gasto de 10 euros, lo contabiliza un servidor; el servidor admite el gasto porque 10 euros es inferior a los 1000 euros que tenía al principio del día, quedando en ese servidor el gasto y 1000 euros que tenía en el banco.

A la empresa o persona que se le ha hecho el pago, en el servidor le queda la cantidad de dinero que tenía y el ingreso.

Con el sistema robot del Ordenador Central, en cuestión de poco tiempo se han bajado todos los gastos al Ordenador Central.

Otro ejemplo: si he gastado 10 euros, queda en todos los servidores del país la cantidad de 990 euros. Esta operación la llamaremos refresco.

El refresco sirve también para el almacenamiento de datos en nuestra página WEB. Para ello se pone en comunicación con los servidores que almacenan las WEB, sirviéndonos para que nuestras consultas sean más rápidas. Hay duplicidad de datos, por una parte los datos del Ordenador Central y por otro nuestra WEB que está en un servidor.

También hay refresco en las transferencias, la incorporación de huellas nuevas, cambio de domicilio o banco, borrado de fallecidos, admisión y borrado de trabajadores, artículos nuevos.

Por satélite, la velocidad máxima actual de transmisión de datos es de 8 megabytes por segundo, por cobre 1 Gigabytes por segundo y por fibra óptica 10 Gigabytes por segundo. La información que ocupa un gasto o un ingreso es la siguiente:

4 Bytes: El número de factura del negocio correspondiente.

4 Bytes: La fecha (1 byte el año, 1 byte la hora, 1 byte el minuto, 1 byte el segundo)

4 Bytes: El código que genera el servidor para que se pague la correspondiente transferencia especial con código.

1 Byte: El código del gasto del extranjero o menor para que no se cruce ese gasto en el sistema de contabilidad.

4 Bytes: La cantidad de la factura.

4 Bytes: La cantidad de gasto deducible.

1 Byte: El código del plan general contable.

6 Bytes: Por el DNI o NIF Internacional, cuatro por el número (incluye el número de Delegación), uno por el código numérico del país correspondiente, y otro por la letra en forma numérica, para que sea el registro del servidor del sistema antifraude.

6 Bytes: Por el DNI o NIF Internacional al que le hemos hecho el ingreso o gasto. Esto es útil para cruzar, por razones de seguridad, la contabilidad (lo veremos más ampliamente en la economía).

1 Byte: Por el código numérico del IVA correspondiente u otro impuesto si es otro país que no sea de la Unión Europea, con lo que el Ordenador Central sabe la cantidad del impuesto.

2 Bytes: Por el número de días en los que se tiene que pagar la factura.

1 Byte: Por el número de plazos mensuales en los que se paga la factura.

6 Bytes: Por el número de la tarjeta de débito o de crédito del extranjero que viene de turismo. La suben al servidor cualquier control de fronteras. Si entra en la Unión Europea tendrían todos los Ordenadores Centrales y servidores esta información.

Son en total 44 Bytes, con lo que un gasto o un ingreso, ocupa muy poca información.

Para que el lector se dé cuenta de la velocidad de la fibra óptica: serían 204 millones de gastos o ingresos por segundo. Como hay duplicación, (porque cada gasto va asociado a un ingreso) serían 102 millones de facturas por segundo; 10,2 millones si se transmiten a través de cable de cobre.

Y la cantidad es menor debido a las facturas entre bancos, si estas son mayores de 100 euros y de diferentes bancos. Ya explicaré después estas facturas entre bancos.

Para hacer el refresco se utilizarían Ordenadores intermedios en cuadros de 300 km o de 100 Km de lado. Estas parcelas cuadradas no son del todo exactas, sino que son zonas estratégicas dependiendo de la población que cubran.

Se pueden utilizar parcelas cuadradas distintas, por ejemplo en Rusia. En Siberia, donde hay muy poca población, de unos 300 Km de lado o incluso más, y en la zona que incluya a Moscú, parcelas cuadradas de 100 Km o menos, en la cual el Ordenador intermedio estará en la ciudad.

El refresco llevaría muy poco tiempo. Hay que calcular distancias entre los Ordenadores intermedios, que estarían muchas veces en la mitad de la parcela cuadrada, y el Ordenador Central. Si el lector hace cálculos sale para cualquier país del mundo menos de 15 segundos.

Los Ordenadores intermedios captan información de los servidores de su zona y se ponen en comunicación con el Ordenador Central, el cual envía la información actualizada a los Ordenadores intermedios, y estos a los servidores de su zona.

Mientras dura este proceso, los Ordenadores intermedios no captan información de los servidores. Si en esos 15 segundos hemos hecho un gasto en el servidor, queda ese gasto y la nueva cantidad de dinero que tenemos. Al ser tan rápido todo el sistema no tiene importancia.

Cálculos para Estados Unidos: Tiene 9,6 millones de Km cuadrados. Necesitamos 100 Ordenadores intermedios. La distancia máxima es de 8.893 Km. El Ordenador Central está en el centro del país.

Supongamos una distancia media de 3.500 Km entre el Ordenador Central y los Ordenadores intermedios. Son 2 conexiones: La primera es la comunicación entre el Ordenador Central y el Ordenador intermedio para captar datos. La segunda es que lleguen los datos actualizados del Ordenador Central al Ordenador intermedio.

Serían 2x3.500 Km= 7.000 Km. Como son 100 Ordenadores intermedios serían 700.000 Km. Recordemos que la fibra óptica tiene una de velocidad 200.000 Km/s, por lo tanto, el recorrido de la información se realizaría en 3,5 segundos.

Cada Ordenador intermedio se tiene que poner en contacto con aproximadamente 2.000 servidores a una media de 150 km. Serían 300.000 km. Como son 2 conexiones, serían 600.000 km. En total serían 3 segundos.

Con todas estas suposiciones, en Estados Unidos dura el refresco 6,5 segundos. En esos 6,5 segundos llegan pocos datos al Ordenador Central, llevándole los cálculos y renovar nuestras páginas WEB de consulta centésimas de segundo.

Son aproximaciones, pero lo que quiero mostrar es que lleva muy poco tiempo. Habría pueblos y zonas de las ciudades en que se utilizaría cable de cobre. Hace años que se podría hacer, ya que teniendo internet con cable de cobre tardaría menos de 3 minutos.

Cálculos para España y países de población y extensión similares: Utilizamos cuadros de 100 Km de lado. Se necesitan 50 Ordenadores intermedios. Supongamos una media de 400 Km de distancia media entre el Ordenador Central y los Ordenadores intermedios.

Como son 2 conexiones, serían 800 Km que multiplicado por 50 serían 40.000 Km. La velocidad de la fibra óptica es de 200.000 Km/s, sale un tiempo de 0,20 segundos.

Cada parcela cuadrada tiene aproximadamente 200 servidores a una media de 50 Km serían 10.000 Km. Como son 2 conexiones entre los servidores y los Ordenadores intermedios en total son 20.000 Km. Si dividimos 20.000 entre 200.000 da un tiempo de 0,1 segundos que sumados a los 0,20 nos da un tiempo de 0,21 segundos el que dura el refresco. Con cable de cobre menos de un minuto.

Dado el coste de autopistas, AVE, Aeropuertos etc., el coste de todo el sistema antifraude sería una nimiedad en comparación con el de los citados Ordenadores y su infraestructura.

Sería muy importante evitar los sabotajes de la fibra óptica o cable de cobre, creo que sería imprescindible una ley para que los hipotéticos saboteadores fueran a la cárcel durante varios años.

Si se corta la fibra óptica o el cable de cobre, se repara lo más rápidamente posible, y mientras tanto, los servidores afectados acumulan la información sin descargarla.

Sección II.9. La huella dactilar

La huella dactilar se puede obtener con una resolución de 10.000 x 10.000 bit y en el dedo índice. Se puede hacer con una menor o mayor resolución. Habría acuerdos internacionales para fijar la misma resolución para todos los países que adopten el sistema antifraude.

Sería un sistema de 0 y 1 (0 si no hay huella y 1 si la hay). Si no coincide, pasa a la siguiente huella del servidor del sistema antifraude. Examina la huella derecha y después la izquierda, porque el servidor no sabe qué mano se ha empleado. Esta operación es muy rápida para el servidor del sistema antifraude.

Cada huella es una foto digital en blanco y negro; es suficiente poner el dedo y la máquina de cobrar hace una foto. Apartamos inmediatamente el dedo, y en escaso tiempo nos da esa máquina la factura.

Es lo mismo que hace la policía cuando hay un robo: hace fotos digitales de todas las huellas y las compara con su base de datos.

El dedo índice, como cualquier dedo, tiene una zona que es más ancha que el resto del dedo. La máquina de cobrar coge la línea más ancha, que es donde hay un 1 más extremo (hay huella), el cual se localiza mirando en perpendicular esa matriz cuadrada de 10.000 x 10.000 bits, que tiene zonas en las que no hay huella; pero si coge el extremo.

La huella que va a comparar tiene también una zona ancha, que es lo primero que analiza el servidor del sistema antifraude.

El servidor sí conoce la parte más ancha de su base de datos de huellas, es un dato fijo para ahorrar tiempo. Este servidor tiene grabada la zona ancha del dedo derecho y la del izquierdo. Ese cálculo de la zona más ancha lo hace instantáneamente la máquina de cobrar, para ahorrarle tiempo al servidor del sistema antifraude.

Una vez que el servidor recibe la huella, analiza parte de la zona horizontal más ancha, comparando la huella que ha llegado al servidor, con las que tiene en la base de datos el servidor del sistema antifraude. Si no coincide parte de esta zona horizontal de la huella derecha y de la izquierda, se va a otra huella. Si coincide casi toda la zona horizontal (90%), va hacia arriba a comparar la siguiente línea, y si coincide hacia otra, así sucesivamente hacia toda la zona de arriba y hacia abajo hasta confirmar la huella. Le daríamos un 90% de acierto en cada línea. El acierto del 90% depende de la resolución.

Lo hace muy rápido porque si en los diez primeros puntos que examine coinciden menos de cinco, va a otra huella, con lo que no tendría que examinar los 10.000 puntos que hay en la zona más ancha, o si de cinco coinciden solo dos, iría a otra huella.

Sección II.10. Si no tenemos dinero en la cuenta de la huella

Si empezamos el día con cero euros o negativos, lo mismo que el Ordenador Central hace el refresco, si es cero o negativo, a partir de ese momento solo podemos emplear para nuestros gastos la tarjeta de crédito, o en comercios que nos sirvan una mercancía que consumimos, y después la pagamos, como bares y restaurantes.

En este caso se almacena el dato como deuda, debiendo pagarla en días posteriores ya que cobramos cada día o cada semana el sueldo o la renta básica. Para los niños, la tarjeta informa que no tienen dinero, asumiendo la deuda el tutor.

Si nos quedamos sin dinero podemos utilizar un móvil transfiriendo dinero de una cuenta nuestra a la de nuestra huella. Como el refresco es prácticamente instantáneo podemos disponer del dinero casi al momento.

El banco sube automáticamente la transferencia a un servidor del sistema antifraude. Se hace poniendo en contacto el servidor del banco con cualquiera del sistema. Esto es más cómodo que el Ordenador Central entre en los servidores de los bancos buscando transferencias. Es evidente que tenemos que eliminar el secreto bancario. Toda la banca mundial está conectada al sistema antifraude que le haría un control estricto y detallado. Podemos también pedir a un amigo que nos preste 50 euros mediante una transferencia usando un teléfono móvil con Internet, devolviéndoselos nosotros otro día con otra transferencia.

Sección II.11. El Ordenador Central y las transferencias

Transferencias con código. Cuando una empresa quiere cobrar por transferencia bancaria, el servidor le da un código automáticamente para que se lo comunique al cliente. Necesita su NIF. En el Ordenador Central queda el código tanto del que cobra como del que paga. Es una factura que se emite por medio de un botón de la máquina de cobrar, la operación está pendiente de cobro.

Esta opción se utiliza para enviar mercancías cuyo transporte es ajeno a la empresa. Tampoco es necesario guardar esta factura, ya que el Ordenador Central las registra, con el correspondiente código para efectuar el pago, que también sirve para consultarlo en la WEB.

Queda marcado como delito el hecho de asignar un gasto a una empresa que de NIF conocido, sin haber pedido ninguna mercancía. Si esto ocurriera, la empresa denunciaría a la otra sociedad abriéndose una investigación en la que se examinarían los correos electrónicos y otras evidencias, en los cuales la empresa demuestra lo que le ha pedido la empresa que hace la denuncia, y a qué coste.

En analogía con los teléfonos móviles, el NIF de la empresa a la que se le vende se puede localizar como si fuera un terminal telefónico. Es posible tener controlados todos los NIF de nuestros clientes.

Si un cliente no está de acuerdo con la mercancía, se le rectifica por medio del número de factura, y pasa a la contabilidad, pero tiene que ser antes de un mes, porque al cabo de ese tiempo el Ordenador Central la cobra automáticamente como si fuera una domiciliación. Puede que se considere más tiempo para rectificar operaciones, si lo pactan ambas partes. Si ve dos facturas con el mismo número, cobra solo la última.

El pago de estas transferencias se hace entrando en la WEB del sistema y es posible buscar las facturas que se quieren pagar. El Ordenador Central renueva durante el refresco la WEB del sistema. Se rectifican los asientos de la contabilidad del que paga y del que cobra, descargando una vez al día estas transferencias en los bancos correspondientes.

Las transferencias que no tengan código se pagan al instante, al hacer el refresco. Es posible ir al banco a hacer una transferencia como ahora si un usuario no dispone de banca electrónica.
Habría otro modo: dar el DNI internacional y la empresa cobra localizando en el servidor el registro del DNI internacional. Una vez cobrado, la empresa envía al cliente la mercancía. A la empresa se le envía una copia del DNI internacional por correo electrónico.

Este es un sistema que haría competencia a las tarjetas de crédito y a PAYPAL. Tendría la ventaja de evitar los costes adicionales de estas tarjetas y de PAYPAL si son compras de menos de 100 euros. Si la compra es superior a 100 euros el coste adicional sería menor. Se emplearía este sistema rebajando de precio la empresa sus artículos.

También se emplearía este sistema para cobrar la luz, el agua y el gas de un piso alquilado u oficina a los que no se quiere cambiar el titular de las mismas. Estas domiciliaciones sería posible devolverlas como ahora, haciendo automáticamente un pago de la compañía que cobró a la cuenta del cliente. Para empresas se utilizaría el NIF en lugar del DNI. Estas devoluciones se harían con la banca electrónica de cada individuo o empresa.

En ambos casos bastaría con dar los datos diciendo que es una domiciliación. En estas domiciliaciones hay una conexión entre el servidor del banco y cualquier servidor, la información llega siempre al Ordenador Central.
Las transferencias hechas con banca electrónica funcionarían poniéndose en contacto el servidor del banco con un servidor del sistema antifraude, de forma automática.

Sección II.12. Como evitar que el sistema fuese lento en países de mucha población

El sistema para Estados Unidos u otro país con más de 150 millones de habitantes, tendría que basarse en técnicas como que la población que esté fuera de su Estado actualice el Estado en el que está empadronado, así la máquina de cobrar correspondiente tendría un Estado asignado en primer término, ahorrándole así tiempo al servidor del sistema antifraude.

Lo lógico sería que cada cliente fuera una persona correcta y que actualice su localización. Puede pagar si está en otro Estado con cualquier tipo de carnet para que sea más rápido.

Si no lo actualiza, el servidor busca primero en el Estado en que se encuentra. Si no aparece, se busca en todos los Estados, comenzando por los más cercanos y si no está en ninguno se determina que el inmigrante es ilegal.

Todos los servidores de Estados Unidos tendrían las huellas digitales de todas las personas de su país mayores de edad, porque así no es necesario que consultar la huella digital en servidores de otro Estado.

Los servidores actuales tienen 4 microprocesadores y pueden atender a 1.000 personas a la vez. Son de dos tipos, los que hacen tareas y los que almacenan páginas WEB.

Se utilizarían servidores de los dos tipos, ya que una tarea puede ser buscar la huella dactilar, y son necesarios muy pocos servidores que almacenen las páginas WEB de consulta.

Un Ordenador normal puede hacer casi 1.000 millones de operaciones por segundo y solo tiene un microprocesador. La combinación de 4 microprocesadores puede hacer muchas más de 4.000 millones de operaciones, dado que emplean microprocesadores más rápidos que un Ordenador normal.

Para una ciudad de 200.000 personas no es normal que consuman 1.000 personas en un segundo a la vez, puede que solo se atiendan a 40 personas a la vez, y si entra la persona 41, el sistema lo desvía a otro servidor, esto es debido a que analizar 40 huellas a la vez sería más rápido que 1.000. Para países de entre 40 y 50 millones de personas sería inmediato si utilizamos la opción de 40 personas. Esta limitación es un ejemplo para hacer cálculos aproximados. Gracias a todos los trucos expuestos anteriormente se puede atender, por poner un ejemplo, a 100 personas. En realidad cuando el servidor se ve colapsado desvía la transacción automáticamente a otro servidor.

Para que en otros países de mayor población fuese rápido y a bajo coste serían menos de 40 operaciones. Si se utilizan tanto la tarjeta del menor como de la empresa no es necesario analizar la huella siendo el pago más rápido.

Se utilizarían servidores propios porque todas las huellas ocupan mucha memoria. Los servidores existentes tienen 8.000 GB de memoria solamente. Lo correcto sería utilizar servidores con más memoria, sobre todo para países de más de 10 millones de habitantes. Todo depende de la resolución de la huella.

Es de un suponer que con 10.000 servidores de tareas cubriríamos todo el país de entre 40 y 50 millones de personas, ya que en una ciudad de 200.000 habitantes creo que es suficiente con 10 servidores: en un segundo no pagan un producto 400 personas a la vez, aunque en pueblos pequeños se necesitarían por lo menos 1 o 2 servidores.

Se pueden diseñar servidores más potentes que los que hay hoy en día, para que resuelvan en décimas de segundo las operaciones necesarias, haciendo que entren más de 40 personas a la vez, acoplándoles más microprocesadores.

Los grandes Ordenadores se hacen acoplándoles placas de microprocesadores. Con esta posibilidad, que es más cara, la búsqueda de la huella en China, Estados Unidos y la India sería inmediata sin tener que elegir la máquina de cobrar el Estado del que viene la persona que pague.

Habría que hacer un estudio económico, ya que estos países necesitan muchos servidores. En Brasil no creo que compense.

Si somos extranjeros y estamos en un país en que tengan el sistema antifraude, es más fácil pagar con cualquier carnet. Es mejor para ambas partes porque ahorramos tiempo, el nuestro y el de la tienda. Por ejemplo un ciudadano chino en comprando en Rusia.

Consultando mapas de fibra óptica del mundo, es posible ver que hay muchísima cobertura en las grandes ciudades e incluso entre ellas.

De implementarse el sistema, habría que calcular la cifra exacta Ingenieros de Telecomunicaciones en cada país. He demostrado con cálculos aproximados que es posible hacerlo en poco tiempo en cualquier país del mundo. Además, es muy sencillo comparado con la telefonía móvil que necesita 15 millones de servidores en toda Europa, por lo tanto, más complicada que el sistema antifraude que propongo.

CAPITULO III

El sistema sofisticado

Sección III.1. En qué consiste, las ventajas

El sistema sofisticado consiste en subir a un servidor todos los artículos de la factura del proveedor, así como todos nuestros gastos que realicemos detalladamente; por ejemplo en un supermercado.

Se puede investigar la fabricación de explosivos, armas químicas, armas ilegales y consumos para detectar inmigrantes ilegales o delincuentes. Esa es la razón de que sea tan ventajoso.

Sección III.2. Los Ordenadores del Municipio

Se podría hacer con el Ordenador Central solo, pero por razones de seguridad propongo que sea realizado con varios Ordenadores, ya que en éstos está también doblada la información del Ordenador Central en caso de que haya un ataque de cualquier tipo.

Al poner la huella o cualquier tarjeta en un comercio, la máquina de cobrar hace un envío a servidores del Ordenador Central. Envía el gasto total que ha hecho, la fecha etc. Al mismo servidor envía también los artículos.

Habría un Ordenador en cada Municipio, o si es en una ciudad grande varios Ordenadores, se haría por zonas.

Este Ordenador no sería tan potente como el Ordenador Central, porque opera con muchos menos datos. Tiene datos de artículos de empresas y particulares cuyo Padrón corresponda a ese municipio. También recoge información en el supuesto de que nos cambiemos de banco (es útil para las consultas de los artículos) y tiene datos de lo que corresponda del Ordenador Central para completar la información.

Al cambiar de banco donde tenemos nuestra huella digital, automáticamente se desactivan las tarjetas de crédito del antiguo banco, porque se borra la tarjeta de los servidores. Solo valdrían en otro país que no adopte el sistema antifraude. No conlleva fraude el utilizar en el extranjero una tarjeta que no sea de ingresos y gastos, dado que todo el dinero de todas las cuentas que tengamos en nuestro país es legal.

Como he comentado en el capítulo anterior, para una empresa, cuando un proveedor entrega una factura, la trae impresa y en la máquina de cobrar. El empresario pone su tarjeta, y la máquina de cobrar sube el importe total a un servidor del Ordenador Central, y los artículos de la factura al mismo servidor del sistema antifraude. También se suben los artículos de las facturas que se van a cobrar con un código.

La subida (o registro de la operación entrante) es única, tanto del total como de los artículos. El servidor la divide en dos partes. Una para el refresco del Ordenador Central y la otra para el refresco del Ordenador del Municipio. Una vez recogidos los datos por el Ordenador del Municipio, que también lleva el total de la factura y la fecha, los borra de los servidores, en analogía al funcionamiento del Ordenador Central.

El refresco de este Ordenador le lleva también muy poco tiempo, porque son pocos datos. Una vez hecho el refresco, recoge datos que son de otros municipios o zonas de ciudades; esto debido a que llegan datos a otros servidores que no corresponden a ese municipio. La telefonía móvil puede emplear servidores que están a cientos de kilómetros. Ocurre en las transferencias con móvil y en las de los autónomos que se desplazan, (ejemplo del fontanero). Los ordenadores de los municipios o zonas de ciudades envían los datos que no son suyos al que corresponda por su código postal.

Los artículos tienen códigos de barras que son de 6 Bytes. Cada artículo enviado al servidor se analiza según la empresa. El servidor sabe el tipo de negocio y el trabajador que ha realizado la compra, por tanto sabe si es deducible cada artículo enviado.

Si es deducible se pone un código de 1, y si no lo es de 0. Utiliza un bit del servidor por cada artículo. El servidor calcula de toda la factura el dinero que es deducible. Esa cantidad que es deducible llega al Ordenador Central para hacernos automáticamente la declaración, y también llega al ordenador del Municipio. En el Ordenador del Municipio queda la factura con el NIF o DNI, el número correspondiente de ella y los artículos que son deducibles y los que no lo son, para una mejor investigación.

No quiero ahondar más en los detalles, no es el objeto de este manual, que en su caso se transformaría en un libro de programación.

En cuanto a la búsqueda de explosivos y armas químicas, se les permitiría comprar sustancias químicas a fábricas, laboratorios, facultades de química, etc., pero no a un químico en particular, el cual tampoco podrá comprar material para hacer un laboratorio; los laboratorios tienen que estar legalizados y registrados. De esta forma la búsqueda sería mucho más controlada y ágil.

Habría que revisar con el Ordenador los últimos 3 años, porque alguien (un licenciado en química, por ejemplo) podría comprar una sustancia química como clorato potásico en una farmacia, y otro día diferente otra, con cuya combinación podría fabricar explosivos o armas químicas. También podría cambiar de Municipio en estos 3 años, con lo que se tendría que ponerse en contacto con el Ordenador del otro Municipio.

Habría un máximo de consumo de comida para compras por huella digital, en torno a los 400 euros al mes por persona para España, sin tener en cuenta comidas o cenas individuales en restaurantes; en otros países sería diferente la cantidad de 400 euros. Si fuese una cantidad de más de 400 euros por persona de su familia, el Ordenador del Municipio avisa al Ordenador Central, y se abre una investigación (podría tener esclavos). El Ordenador también analizaría variaciones en los datos. Por ejemplo, pasar de un consumo medio al mes de 150 euros a 350 euros por persona de la vivienda.

Habría que controlar, por medio de Inspectores de trabajo, si tiene esclavos que trabajen y coman en el propio restaurante.

Todos estos gastos mínimos se evaluarían dependiendo del número de los hijos. Y en particular los que no trabajen mientras viven con sus padres, etc. Los evalúa el Ordenador del Municipio mediante el Padrón Municipal y la oficina del Ministerio de Trabajo: hay conexiones entre estos organismos y el Ordenador del Municipio.

Sección III.3. Cómo opera en un único país y la duplicidad de datos

Si se consume en New York la persona es de Chicago; el servidor de New York descarga la información del usuario que corresponda por Padrón Municipal y que está en un servidor de Chicago.

Después, los servidores de Chicago de la zona donde vive el cliente actualizan la información en poco tiempo, de manera que desde New York es posible consultar al detalle nuestros gastos con un simple teléfono móvil con Internet, entrando en la WEB del municipio de Chicago, o en este ejemplo la zona de la ciudad.

En una futura investigación por parte de Hacienda, quedan los ingresos detallados en el servidor de New York, para saber el Ordenador de la zona de la ciudad los artículos de lo que vende el empresario, pero también en el de Chicago, para que se pueda investigar a la persona (por si tiene esclavos, fabrica armas etc.), con lo que hay duplicidad de datos de artículos comprados.

Lo mismo ocurriría cuando un autónomo se desplace a otro Municipio, llegaría su ingreso al Municipio de origen procedente del otro Municipio.

Sección III.4. Los programas que utilizan el sistema y los nuestros

Con este sistema el Ordenador del Municipio rectifica el stock de las empresas en los programas de declaración de la renta que tengamos ya instalados, incluso puede analizar lo que nos falta para la contabilidad.
Estos programas los podría proveer gratis Hacienda o una empresa. Si los hace una empresa tendrían que estar programados de forma que rectifiquen el stock en el Ordenador del Municipio.

Las personas o empresas solo tendrían que consultar su perfil en la WEB del Ordenador Central para ver la contabilidad, y en la WEB del Municipio para saber los artículos comprados o vendidos.

Sección III.5. Cómo se ocultan facturas

Una persona individual podría solicitar que oculten la factura cambiando los artículos. Incluso puede solicitar que aparezca solo un artículo.

Se puede hacer pidiendo a la tienda que nos cobra que envíe el verdadero y el oculto. Se hace con un botón de la máquina de cobrar, de forma que la información falsa solo llegue a nuestra WEB.

Esto es útil para los clubs de chicas; la información que recibimos por Internet no entrega la factura correcta, la tiene falsa. Por ejemplo: en el caso del club de chicas aparecería un ítem como si se tratara de un restaurante, aunque en el Ordenador del Municipio sí aparecen los artículos y servicios reales que se han contratado o comprado.

Que figure la factura falsa en nuestro Ordenador, sirve para ocultar a la mujer los gastos detallados del marido, o para el hombre lo que se gasta la mujer en joyas, peluquerías, etc. Se aplicaría en caso de desconfianza en la persona con la que se comparte la vida.

Este método de ocultación parcial es útil para regalos; sería una sorpresa, y puede ser también falso; en este caso los diferentes artículos de la factura saldrían en la WEB del sistema indicados como "regalo".

También se pueden controlar los gastos del adolescente, si desconfiamos de él, porque no podría ocultar consumos.

Un autónomo o una empresa, no podría ocultar facturas.

Sección III.6. El sistema en La Unión Europea

Si el sistema lo adopta toda la Unión Europea, en un país distinto de España, se pueden subir al sistema los artículos de nuestros gastos a un servidor de nuestro Municipio, por ejemplo desde Francia, comunicándose con cualquier servidor de España, el cual tiene como dato fijo nuestro código postal, con lo que descarga la información en el Ordenador de nuestro Municipio.

Los artículos de lo que hemos consumido en Francia se traducen al español en nuestro Ordenador del Municipio de España.

Desde Francia podemos consultar nuestros gastos con un simple teléfono móvil que tenga Internet, solo accediendo a la página de nuestro Municipio.

Es muy parecido al ejemplo de New York y de Chicago.

Sección III.7. Cómo se evita el fraude

Para evitar fraudes, en cada ayuntamiento hay 2 personas de los dos partidos mayoritarios que cargan en un lápiz óptico de 128 Gigas todos los movimientos del día anterior del Municipio, o zonas de ciudades grandes. En el caso de ciudades grandes sería un lápiz óptico por cada zona. El lápiz lo descarga en un ordenador personal clasificado por fechas. Este ordenador no estaría conectado a Internet; esto evita que lo espíen o le introduzcan virus, serviría solo para almacenar datos.

Para evitar que se borren facturas del Ordenador del Municipio, el Ordenador Central chequea cada cierto tiempo en todos los Municipios todas las facturas, mirando el NIF de la empresa, el número de la factura, el importe total de la factura y la fecha.

Asimismo para evitar el fraude del Ordenador Central, todos los Ordenadores de los Municipios chequean una vez al mes el importe total y la fecha de las facturas al Ordenador Central para investigar si el máximo responsable puede estar cometiendo actos de corrupción. Con esta doble medida es casi imposible el fraude.

Caso de sospechas de fraude, los ordenadores que tendrían los encargados de los partidos políticos servirían para contrastar la información.

Sección III.8. El sistema sofisticado al 100 %

Para que el sistema sea sofisticado al 100 %, hay que tener en cuenta los gastos detallados que se efectúen con las tarjetas de crédito o de débito. También por PAYPAL y por teléfono móvil. Solo se emplearían estas tarjetas en el caso de no tener dinero en la cuenta, se utilice Internet para las transacciones, o en caso de ser extranjeros de turismo.

En la libreta del banco aparecen los gastos totales, pero el banco tiene almacenados todos los comercios en donde se ha consumido.

El banco tiene que subir automáticamente a un servidor del Municipio del cliente todos los artículos de las empresas donde ha pagado con tarjeta.

Al solicitar cualquier tipo de tarjeta, el banco conoce el Municipio del cliente. Si el cliente cambia de Municipio, el padrón municipal se conecta con un servidor que le informa de la cuenta de ingresos y gastos, a continuación se crea el contacto con el banco asignando a la tarjeta el nuevo municipio.

El extranjero de turismo utilizaría su tarjeta de crédito y no se podría rectificar el stock de las empresas porque en el sistema actual no aparecen los diferentes artículos. No podría hacer gastos cuando se acabara el tiempo que pueda estar en el país, ya que el número de la tarjeta que habría declarado en la frontera se borraría automáticamente del Ordenador Central y de los servidores.

Las máquinas de cobrar por tarjeta sabrían si está utilizando una tarjeta diferente a la que declaró en la frontera, porque el número de todas las tarjetas se cargan en los servidores. La máquina de cobrar por tarjeta se comunica con el servidor, averiguando si es válida. Se podría diseñar el sistema para que informe de su paradero si el cliente estuviera en busca y captura.

Sin ser extranjero puede ocurrir que en un supermercado un cliente no disponga de dinero, y utilice una tarjeta de crédito. Hay artículos que no son de alimentación por lo que no sabríamos, con el sistema actual, el consumo real de alimentación de una familia.

Por ello, al hacer estos pagos siendo por Internet o no, el sistema que cobre averigua, por medio del banco del sistema antifraude, el Municipio tanto del que cobra como el que paga, se conecta con un servidor del sistema anotando el total y los artículos. Luego el servidor se encargaría de que lleguen al Municipio del cliente los artículos comprados por tarjeta, y al Municipio del comercio los artículos vendidos, con lo cual rectificamos el stock de la empresa que vende.

Para tarjetas de extranjeros que vengan de turismo, y no estén en nuestro sistema, la información de los artículos llega al Municipio del comercio solamente. Si se tratara de un turista proveniente de un país que adopte el sistema antifraude, no necesita utilizar tarjetas, pero sí si no tiene dinero, con lo que llega la información al municipio de su país. A estos extranjeros turistas se les prohíbe comprar cualquier producto con el que fabricar armas y explosivos.

Un inmigrante ilegal no puede utilizar la tarjeta de crédito para comprar artículos en Internet, porque Internet detecta el país de origen de la persona.

En el pago por teléfono móvil, como se hace hoy en día con las máquinas de cobrar por tarjetas, sería el mismo procedimiento que éstas, localiza el banco y el municipio.

La gran ventaja es que no hay que variar nada de las tarjetas. Sin necesidad de que las máquinas de TPV paguen a los extranjeros, hay otro método más ingenioso, y es que casinos, filatelias, máquinas de juego, puedan hacer transferencias bancarias a un banco extranjero. A un ciudadano de su país no le admite esta transferencia.

Sección III.9. Material que se desecha y cómo hacer para que no haya fraudes

En este sistema sofisticado, hay que tener en cuenta el material que roban algunos clientes, los productos que quedan obsoletos, caducados o los que se destruyen. Se rectifica el stock robado o destruido entrando en la WEB del Municipio. El Ordenador del Municipio chequea que esa rectificación no sea excesiva. Este Ordenador rectifica el stock descontando automáticamente lo que vamos vendiendo.

Si un comercio tiene programas que no son los que nos da Hacienda, rectifica el stock en esos programas y deberían estar programados de tal forma que entren en la WEB del sistema antifraude de forma automática y hagan esta rectificación. Lo mismo para la corrección del stock.

Un problema es que se podría vender droga de la siguiente manera: supongamos que una tienda de ropa no tiene muchas ventas, puede vender droga y destruir la ropa. Imaginemos que se gasta un drogadicto 2.000 euros al mes en esa tienda.

El Ordenador del Municipio, tiene que detectar que ese comercio tiene esos consumos, entonces va un inspector de Hacienda a la casa de los clientes a ver si tiene efectivamente esa cantidad de ropa.

Esto es extensible a cualquier tipo de negocio, ya que, por ejemplo, nadie se gasta en una misma cafetería 4.000 euros todos los meses. Pero sí se lo puede gastar en otro tipo de comercio, como una joyería. El Ordenador del Municipio tiene acceso al poder adquisitivo de cada persona.

Sección III.10. La exportación e importación

Si es en un país que tenga el sistema antifraude no debería haber problemas con la importación y la exportación. Si se hace en toda la Unión Europea tampoco, aunque España saliera de la UE como lo hizo el Reino Unido.

En este caso cuando una empresa exporta sube al servidor del Municipio del otro país la factura detallada, y al mismo servidor del otro país el total. El servidor asigna un código para que se pague por transferencia bancaria. Pero también sube al servidor del Municipio los artículos que se venden, para variar el stock.

 En la Importación ocurre lo contrario, es la empresa que vende la que sube la factura, teniendo que llegar al Ordenador Central de España, el importe total y todos los artículos detallados al Ordenador del Municipio con un código, que ha generado el servidor del Municipio de ese otro país, para que se efectúe la transferencia. En el otro país se sube al servidor de su Municipio los artículos para rectificar su stock. Sería lo mismo que las transferencias con código.

En ambos casos, no se cruza la información en la contabilidad, porque las cuentas del otro país no interesan al país de destino.

La importación o exportación a países que no tengan el sistema antifraude sería más compleja, porque tienen que intervenir las aduanas de ambos países, cobrando los respectivos aranceles, si los hubiera.

Para estos casos, las mercancías llevarían una factura en papel, y serían las aduanas del país las que las subirían a los servidores, mediante el NIF de la empresa, la información detallada y la global.

Si exportamos, Aduanas del país sube a los servidores de nuestro Municipio todos los artículos, y está pendiente del cobro con un código que ha generado el propio personal de Aduanas.

En el país que no tenga el sistema antifraude, el pago se realizaría con una transferencia bancaria a la cuenta de nuestra empresa que lleve de concepto el código.

Al llegar la transferencia al banco, automáticamente se suben el importe total y el código que viene en el concepto a un servidor. Al hacer el refresco, llegan al Ordenador Central y entran en la contabilidad de la empresa; ésta analiza si es correcto el total y el código para actualizar con ellos la contabilidad de la empresa. Solo en este caso las transferencias con código se hacen a través del banco.

Si no es correcta la transferencia, el Ordenador Central manda un correo automático al banco para que la devuelva; avisa a la empresa con un correo electrónico automático para que se ponga en contacto con la empresa extranjera, indicando que es incorrecta y envíen otra. Así sucesivamente hasta que la transacción sea correcta.

Si importamos, aduanas sube los artículos a servidores de nuestro Municipio, así como el total. Luego realizamos el pago con una transferencia bancaria que lleva un código que ha generado Aduanas.

Le llega entonces a Aduanas un correo electrónico de la empresa extranjera diciendo que está debidamente pagado. Ahora Aduanas la da por pagada, subiéndola como tal a un servidor para que, al hacer el refresco, llegue al Ordenador Central cambiando el correspondiente asiento de nuestra contabilidad.

Sección III.11. Las consultas y su tecnología

Podríamos realizar consultas en nuestra casa o con un móvil que tenga Internet sin ningún problema. Vemos en el intervalo de fechas los diferentes artículos entrando en la WEB de nuestro Municipio.

Tendríamos una aplicación en nuestro móvil conectada a nuestra cuenta del banco asociada a la huella para ver lo que llevamos gastado en la última hora, día, mes o año. Esto es útil para controlar gastos. Sería como cuando consultamos nuestro dinero físico. Es mejor aún, dado que si hemos utilizado la tarjeta de crédito también nos indica lo que podemos seguir gastando con ella; esto no sucede ahora, solo si la tarjeta lo admite.

Los niños y adolescentes harían la consulta de sus movimientos con el número de su tarjeta, ya que éstos también tienen página WEB.

Para los que no tuvieran Internet, o no se supieran manejarlo, podrían solicitar al Banco en papel todos los gastos del mes, que llevarían un coste que lo ingresaría el Banco.

En las cartillas de los bancos podría comprobarse una vez por semana lo que hemos gastado, pero no en detalle. El Ordenador del Municipio conocería las cuentas bancarias y descargaría los artículos de gastos e ingresos cada día, por la noche, al banco asociado a nuestra huella sin importar el método de pago.

Pagaríamos un coste bajo al banco por saber todos los artículos de la semana. Esta información estaría disponible en papel.

Al tener más información, los bancos tendrían que aumentar la memoria de sus servidores o aumentar el número de ellos.

Para consultas del Ordenador Central, como ya habíamos adelantado, no necesitaríamos conectarnos al Ordenador Central. Utilizaríamos servidores de almacenamiento de páginas WEB, los cuales se renovarían durante el refresco.

 Guardaríamos los últimos 5 años de datos, aunque el Ordenador Central almacenaría toda nuestra información de por vida. Al guardar 5 años, estos servidores borrarían la información que pase de esos años, llevándola a nubes de memoria. Si quisiéramos consultar más tiempo, entraríamos en esa nube con una clave.

Los servidores de páginas WEB estarían a poca distancia del Ordenador Central para que su refresco fuera prácticamente inmediato. Se podrían llevar a bases de datos enormes como la nube, aunque me parece más lenta su renovación o actualización.

Para consultas de ingresos y gastos detallados utilizaríamos servidores del Ordenador de cada Municipio cercanos a él. Guardaríamos un año. El funcionamiento sería igual al descrito para el Ordenador Central.

RESUMEN: Toda la información del sistema antifraude se maneja entre los bancos y los Ordenadores de los Municipios que tienen los mismos datos; así como los lápices ópticos de los políticos responsables de ello.

Al Ordenador Central llegaría el total de cada transacción y lo deducible para elaborar los impuestos.

Básicamente, cuando se paga con la huella, tarjetas de empleado y menor, la información llega a los ordenadores. Estos la hacen llegar a su vez a los bancos. Cuando empleamos el sistema de pagos y cobros por medio de los bancos, bien banca electrónica, transferencias que hagamos en los bancos, tarjetas de crédito o de débito, esa información vuelve a los ordenadores del sistema antifraude.

CAPITULO IV

El bunker

En el bunker estaría el centro de comunicaciones del país, el Ordenador Central y una gran cantidad de inspectores.

La inspección de empresas, particulares, bancos, sindicatos, fundaciones, sería más fácil que la actual, ya que muchos inspectores estarían en este bunker. Cuando hubiera sospechas de alguna factura o transacción fraudulenta, se comunicarían con el Ordenador del correspondiente Municipio, examinando los artículos.

El bunker debería tener una construcción sólida a prueba de terremotos. Se construiría subterráneo, en la mitad del país para favorecer las comunicaciones con los Ordenadores intermedios, y lejos de cualquier ciudad.

Estaría custodiado por el ejército para evitar sabotajes.

También sería conveniente que tuviera un escudo de anti-misiles como el de Nueva York, para que no sea objeto de bombardeos, aunque se permitiría que lo sobrevuelen aviones comerciales, nunca aviones militares, aunque fueran del propio país.

Para comunicaciones por satélite tendría que disponer de antenas con sistemas redundantes y teniendo cuidado a los sabotajes.

Por ejemplo, para investigar desde España a Ordenadores de Letonia, sería necesaria una conexión por satélite. Si las distancias son cortas, se podría realizar vía fibra óptica o por cable de cobre.

Se establecerían 3 turnos de trabajo porque el sistema estaría continuamente funcionando y vigilado, especialmente para evitar incidencias graves como una avería en el Ordenador Central (protocolo para utilizar el de recambio).

CAPITULO V

La economía

Sección V.1. El sistema, su investigación y la declaración automática de Hacienda

En esta sección describo cómo funcionaría el sistema a nivel económico de un país. Supondremos por lo tanto que el sistema ha sido aplicado en ese país, está en funcionamiento y ha sido implantado al 100 %.

El sistema antifraude permite hacer una contabilidad de las empresas y particulares automáticamente, sin necesidad de intervención de estos.

Solo es obligatorio conocer el importe total de la factura, el asiento contable, el IVA (para países que no sean de la Unión Europea sería el impuesto correspondiente) y los gastos deducibles, porque el plan general contable abarca ventas, compras, amortizaciones, etc.

El Ordenador Central tiene dos programas de contabilidad, uno para la contabilidad del comercio o empresa, y otro para el IRPF.

Todo lo que se pague lo elabora el Ordenador Central, no el del Municipio.

Las amortizaciones las hace el Ordenador Central, dándole la empresa información de en qué tiempo quiere amortizar un bien, para lo que el empresario debería entrar en su WEB. El Ordenador Central chequea estas WEB en busca de cambios de amortizaciones. Y también las WEB particulares en busca de contratos de alquiler., u otros ingresos en que tenga que pagar a Hacienda, por ejemplo, un premio de lotería.

Para el Ordenador Central los diferentes bancos son meros intermediarios: si un cliente cambia de banco donde tiene asociada su huella, el Ordenador Central sigue variando la contabilidad como si no hubiese pasado nada. Esto se puede hacer porque todas las cuentas que tiene asociadas un usuario poseen dinero legal, procedentes de sus ingresos legales.

Comenté al principio de este libro que las asesorías tendrían menos trabajo, aunque sí elaborarían las nóminas dependiendo de las horas extras, comisiones etc. Esta información la envía al Ordenador Central, por medio de la oficina de trabajo del Municipio, para registrar los pagos a los diferentes trabajadores. También pueden hacer los contratos de los trabajadores y ser ellas las que los envíen al correo electrónico de la oficina de trabajo que corresponda. Para ello, la empresa se lo tiene que indicar a la asesoría. Las empresas grandes no necesitan asesorías y tienen personas que se ocupan de estos temas.

Hoy en día, en España, se cruzan facturas de 3.000 euros con un mismo proveedor. El sistema antifraude cruzaría todas, menos lo que gaste un extranjero que no esté en el sistema de huellas de nuestro país, ni siquiera de la Unión Europea. Tampoco cruzaría lo que consume un menor, porque no estaría obligado a hacer declaración de Hacienda (como en la actualidad).

Parece innecesario este cruce, pero se hace por razones de seguridad, ya que existiría la posibilidad de borrar facturas de ventas o de compras en el sistema informático, sobre todo por parte de políticos corruptos.

Al cruzarlas y encontrar errores, se investigaría en el Ordenador del Municipio o zonas de ciudades grandes.

Es difícil que se pongan de acuerdo dos empresas en borrar tanto la venta como la compra, porque al usuario que compra le saldrían más beneficios de no existir la factura, lo cual no le conviene.

Para que exista fraude tendrían que rectificar los datos en el Ordenador de Municipio, o de dos Municipios si se da el caso de que el usuario que compra y el que vende no pertenecen al mismo Municipio o zona de ciudad grande. También deberían que rectificar o borrar el total del Ordenador Central. Eso es prácticamente imposible. De ser posible, podría existir una denuncia y se investigaría en la información que tienen los correspondientes políticos (personas que custodian las copias de seguridad y control).

Como no se puede utilizar dinero físico, y los bancos estarían muy controlados, disminuye enormemente la posibilidad de que haya corrupción del tipo que sea. No existiría el secreto bancario, que solo tienen que informar en España de ingresos y gastos de 3.000 euros.

Hoy en día las investigaciones se hacen con muchas cuentas corrientes de particulares y empresas. El sistema antifraude es mejor ya que lo hace solo con una, con lo que el dinero que llegue a un paraíso fiscal está legalizado, con lo cual no tiene sentido utilizarlos, ya que la razón principal de que éstos existan es para evadir impuestos. Esta es la razón principal para que las personas y empresas no lleven el dinero a paraísos fiscales. He demostrado cómo se controla el dinero electrónico.

Se han descubierto 3 millones de euros en 3.000 cuentas de dinero ilegal al PSOE: con el sistema antifraude solo hay una cuenta, es mucho más fácil realizar una investigación de cualquier partido político. Mario Conde movía dinero electrónico procedente de paraísos fiscales a España. Lo estuvo moviendo durante 15 años, hasta que lo cazaron. Se le hubiera descubierto mucho antes con el sistema antifraude que propongo.

Se puede abrir una cuenta en un paraíso fiscal con el pasaporte y la banca electrónica. El sistema lo admite siempre que sea desde la cuenta de la huella. Es legal y el único sentido es que la persona estime que en un paraíso fiscal el dinero esté más seguro.

Si hace un trabajo en un país extranjero que no tenga el sistema antifraude puede hacer una transferencia a un paraíso fiscal de dinero ilegalizado, pero nunca lo podría llevar al país donde resida a ninguna una cuenta de su país de residencia, ya que el sistema informático no lo admite. Si el dinero del paraíso fiscal está legalizado, debido a que queda registrado su origen, sí se admitiría la transferencia. Si el país extranjero tiene el sistema antifraude no admite la transferencia a un paraíso fiscal, porque entre países que tengan ambos el sistema, por trabajos solo se admite transferencias entre dos cuentas de ingresos y gastos de los respectivos países.

En todas las sociedades hay socios que por lo general tienen distinta participación en los beneficios. El Ordenador Central tiene esta información, los servidores no. Esta información la daría el notario directamente al Ordenador Central, bien sea cuando se constituye la sociedad o se varía. Dicha información sirve, una vez hecho el reparto de beneficios, para hacer también automáticamente la declaración del IRPF de estos. Se le da información al Ordenador Central del beneficio que se reparte. Si no se reparte todo, hay beneficios fiscales.

En la declaración del IRPF hay gastos deducibles como comprar un coche nuevo. Estos gastos deducibles hacen que Hacienda devuelva a las personas dinero procedente de las retenciones que les hace. Dicha devolución se hace automáticamente una vez al año, al igual que si les devuelve dinero Hacienda. Lo que las personas pagan al año a Hacienda, la entidad estatal se lo resta automáticamente de su cuenta de ingresos y gastos (tanto a empresas como a particulares).

Aparte del fraude fiscal de los esclavos que sería penado incluso con cárcel, pueden existir otras dos formas de fraude fiscal.

La primera es un fraude a la Seguridad Social, que consiste en trabajar más horas de lo estipulado con el mismo sueldo. Un ejemplo: estar contratado por 4 horas y trabajar 8. En este caso el trabajador cobraría algo de renta básica que le compense de un hipotético contrato a 4 horas, haciendo 2 horas de trabajos sociales.

La segunda forma se daría en el caso de que trabajase para un familiar, el cual no le pagase la Seguridad Social, ya que no lo tendría ni contratado, pagándole con transferencias (que sí estarían permitidas).

 Este tipo de fraude se puede evitar, porque a no ser que se declare rico, tiene que buscar trabajo y hacer labores sociales, para tener una renta básica. O podría estar estudiando y ayudar algo al familiar, con lo que el fraude a la Seguridad Social y a Hacienda es mínimo.

Para combatir estas dos formas de fraude habría que aumentar el número de inspectores de trabajo.

Toda la economía del país queda registrada, con lo que prácticamente no habría fraude fiscal, economía sumergida ni dinero negro, ya que estarían controlados los bancos, los autónomos, las PYMES, las multinacionales, los sindicatos, las fundaciones, los partidos políticos, etc.

Otro fraude que no se puede hacer es dar dinero físico negro a una persona para que haga una donación a un partido político. Al no existir dinero físico, no existiría esta fórmula de financiación ilegal de los partidos políticos.

Sección V.2. Rendimientos máximos y mínimos de los negocios

Si un proveedor vende a una empresa zumo a 0,60 euros, la empresa lo puede vender a 40 euros; porque el Ordenador Central estaría programado para detectar estos valores excesivos y deduciría que se ha vendido al cliente el zumo y droga. El servidor no admite esa venta porque, como dije anteriormente, el rendimiento máximo y mínimo de los artículos y las profesiones es un dato fijo. No es posible fijar el precio del zumo en 40 euros, no lo admite la máquina de cobrar.

Tampoco se podrían dar facturas exageradas por parte de los partidos políticos para autofinanciarse, porque se pueden investigar los artículos de la factura.

Estos rendimientos máximos los elaboraría Hacienda para cada tipo de negocio o profesión, además de los correspondientes artículos y la mano de obra.

Habrá, necesariamente, acuerdos entre empresas del mismo tipo para establecer precios, habiendo un rendimiento mínimo del tipo de comercio, con lo que no se puede hacer una competencia desleal. Por ejemplo, en un bar el café no podría costar 0,60 euros, y en otro, 1,20 euros.

Sección V.3. El sistema de deudas en las empresas

Se admite la deuda en el caso de las empresas, aunque se daría un tiempo para pagarla, puede ser a 30 días, 60, 90 días u otro tiempo que pacten ambas partes. Transcurrido ese plazo, el propio Ordenador Central se ocupa de cobrarla. Todas estas las medidas se toman para que todas las empresas siempre cobren.

Solo se podría diferir un pago al año fiscal siguiente, no a más tiempo.

Si la empresa no tiene dinero a la hora de pagar, el Ordenador Central avisa a ésta por medio de un correo electrónico automático que solicite un crédito, una ampliación de capital por parte de los socios etc.; en caso de que no reciba fondos por ninguno de estos medios, se le embarga, con lo que no existirán empresas que se dediquen al cobro de morosos.

Tampoco existirán con el sistema antifraude clubes de fútbol con deudas (tremendas como en la actualidad), ni Ayuntamientos que debieran a sus proveedores.

Ninguna empresa puede funcionar con deudas, si las tiene se disuelve. Así, si actualmente los ayuntamientos reciben capital por parte del estado (el cual emite deuda pública para superar su déficit, o es rescatado, como el caso de Grecia), en el sistema antifraude no sería necesario nada de esto ya que no habría déficit.

Para que todo el sistema informático funcionara solo se podría pagar con dinero electrónico para pagar.

Así, las sociedades anónimas emitirían acciones, las limitadas harían aumento de capital. Todo esto quedaría escriturado mediante notario, el cual informaría al Ordenador Central de esa inyección de dinero, introduciéndolo en la contabilidad de la empresa.

Sección V.4. Los módulos

No existirán módulos (pago de cantidades fijas a Hacienda). Sería ridículo utilizar este sistema cuando se dispone de toda la información de los diferentes comercios y empresas.

Sección V.5. Partidas deducibles y la determinación del IVA

Para hacer la contabilidad, el Ordenador Central tiene que saber los artículos que son deducibles. Es similar al sistema actual, como si nos hiciesen una inspección de Hacienda, entregándole al inspector las facturas que sean deducibles. Lo deducen los servidores y llega esa información al Ordenador Central.

Si voy a tomar un café, ese gasto no sería deducible, pero queda como ingreso de la cafetería. Solo en algunos casos sería deducible (los comerciales, personas en representación de otras, políticos, etc.).

Es suficiente con saber el modo de pago. Si realizo un pago con mi huella o con tarjetas que no son de ninguna empresa, el sistema informático interpreta que es un gasto no deducible; si lo hago con la tarjeta de la empresa o autónomo, el gasto puede ser deducible o no.

Los diferentes gastos tendrán códigos de artículos y si son deducibles. Ya vimos como los deduce el servidor y llega esa información al Ordenador Central, y al del Municipio lo deducible, y lo que no es.

Si utilizo la tarjeta de la empresa para comprar champú, solo sería deducible si mi empresa es una peluquería.

Cada empresa investiga sus gastos por la página WEB de su Municipio, la cual señala los gastos deducibles y los que no lo son de cada trabajador que ha enviado al Ordenador Central. Esto sirve para investigar la propia empresa a sus empleados, ya que sabe toda la información de todos los pagos de sus tarjetas.

Si realizo un pago con la tarjeta de empresa, puede ser un almuerzo, sería un gasto deducible para la empresa, por ejemplo, cuando si estoy realizando un desplazamiento como trabajador de la empresa.

Pero no sería deducible un sábado o un domingo o si yo fuera un trabajador normal que no necesita que la empresa cubra esos gastos, Esto detectaría la malicia de usar la tarjeta de la empresa por vacaciones o un sábado o domingo, y para no complicar mucho el sistema, a pesar de que puede que esté trabajando en ese período, el sistema interpreta que es un gasto no deducible, con la correspondiente riña del empresario al empleado en el caso de no estar trabajando un sábado o un domingo.

Si quisiéramos complicar el sistema para tener toda la información necesaria, la empresa tendría que dar información de cuando un trabajador coja vacaciones o esté de baja al Ordenador Central, para dejar sin operar en ese intervalo de tiempo la tarjeta de la empresa. Si trabaja el fin de semana se hace operativa. Si no trabaja el fin de semana, el Ordenador Central la desactiva automáticamente los días festivos y los fines de semana, activándola automáticamente los días laborables. Toda esta información la pondríamos en la WEB de la empresa, siendo recogida por el Ordenador Central al hacer el refresco.

Al tener códigos de los artículos, el servidor conoce que porcentaje de IVA tiene que aplicar, porque sabe el tipo de empresa a la que le hemos pagado. El IVA lo paga una vez cobrado el producto. En países en que haya otro impuesto, se hace lo mismo.

Sección V.6. Los fondos reservados y las dietas de los políticos

En el sistema antifraude informático, se admitiría una partida de dinero controlable solo por: el Consejo de Ministros, el responsable del sistema informático y una serie de inspectores de su confianza.

Estos fondos reservados son, generalmente, destinados a la lucha contra el terrorismo, confidentes de la policía, espías etc.

Quedan registrados esos gastos con tarjetas, como si fuese un empleado más. A estas tarjetas las podrían tener: un espía, un policía etc. Queda registrado en los presupuestos generales del Estado como un gasto especial. El responsable del sistema lo puede investigar si es necesario, para que nadie se quede ilegalmente con los fondos reservados.

Para un confidente de la policía, por ejemplo, tendrían que haber máquinas para pagar especiales con el dedo al confidente con un código, pudiendo superar los 50 euros. Ese código sirve para que el Ordenador Central admita transferencias de más de 50 euros a personas que no sean familiares del policía, espía, etc.

Sería conveniente que los políticos no cobrasen dietas.

Se les podría dar una cantidad fija al año, para sus gastos. Estaría sometida a tributación.

Así el político no podría pagar con las dietas: zapatos, trajes, regalos a sus señoras, multas, cafés etc.; tal y como sucede ahora.

Se podría diseñar en el sistema antifraude que esas dietas solo fuesen para hoteles, restaurantes, trenes, autobuses y aviones; pero los viajes justificados.

Se podría poner un Inspector de Hacienda en cada provincia, que investigase todas las tarjetas de empresa de los políticos, para controlarles sus gastos.

No tiene importancia el gasto personal de los políticos ya que un Ayuntamiento no hace declaración de Hacienda, aunque sí sería interesante saber en qué gastan el dinero si con ello defraudan a Hacienda.

Sección V.7. ¿Cuándo se realiza la contabilidad?

La contabilidad se haría a las 5 de la mañana. Se haría de forma diaria, porque durante ese tiempo, debido a las devoluciones o rectificaciones, va variando. Dada la velocidad del Ordenador Central se haría prácticamente de forma instantánea.

Esta contabilidad sería parcial debido a retenciones. La contabilidad oficial se haría automáticamente una vez al año. Esta medida evitaría las estructuras piramidales, como ocurrió con el *Lehman Brothers*, o cualquier agujero económico de bancos y empresas.

Cualquier movimiento del Ordenador Central, tendría asociada una fecha, hora, minuto y segundo. Si se ejecuta el programa a las cinco de la mañana, constan todos los datos producidos en las últimas 24 horas. Por ejemplo: si realizo un gasto a las cinco y un segundo de la mañana ya no se incluiría, si no que se dejaría para el día después.

Sección V.8. El IRPF

Para los que tenemos solo un sueldo, no hay problema con el IRPF. Pero si tenemos acciones, pisos en alquiler etc.; la cuestión se complica. Todo esto lo controlan muy bien los Ordenadores que hay hoy en día en Hacienda, aunque introduciéndoles los datos necesarios. El pago de alquiler se declara con la actividad, y por medio del registro de la propiedad con el contrato se puede cobrar. Ya lo veremos más adelante.

La gran ventaja del sistema antifraude con respecto al sistema actual es que no hay que introducir manualmente los datos.

Hoy en día hay muchas declaraciones de Hacienda que se hacen por Internet, con lo que los funcionarios no introducen los datos, pero sí el particular o la asesoría.

Para estar más seguros de lo que se introduce, los va a controlar el Ordenador Central.

Cuando hacemos un contrato de alquiler, debería registrarse en el Ordenador Central. Obligatoriamente debe tener contrato porque lo normal es que pase de 300 euros y no sea un familiar. No quiero entrar en detalles de este tipo porque extendería innecesariamente este libro, se entiende que estas son las bases del sistema y cómo funcionaría para los alquileres.

Sección V.9. El Banco del País, la Hacienda pública y los Ayuntamientos.

La Hacienda Pública también tendría, en el Ordenador Central, una única cuenta bancaria. Toda la recaudación quedaría registrada y almacenada en el Banco del País.

Al elaborar los presupuestos del Estado, el dinero electrónico se distribuiría entre todas las instituciones (Ayuntamientos, Sindicatos, Fundaciones, etc.).

Todas las instituciones operarían con dinero electrónico, como una empresa más, por lo que tendrían también una única cuenta para sus gastos e ingresos.

En el caso de tener las diferentes instituciones, el déficit lo repone el Banco del país. En países en los que a pesar de eliminar el fraude fiscal haya déficit, no se podría implementar el sistema antifraude.

Se podrían hacer transferencias entre todas las instituciones. El Ordenador Central las interpretaría como si fuese una ONG. También transferencias entre una institución y un profesional, respetando los rendimientos máximos y mínimos.

Sección V.10. Con el sistema antifraude, todo el mundo cobra

Todos los parados cobrarían una renta básica. Solo se hace en Alaska y es de 2.500 dólares al año, aunque podría realizarse por lo menos en 30 países, en los cuales el despido sería libre, con lo que se lograría un mejor funcionamiento de las empresas.

Habrá países que no lo quieran, como por ejemplo Suiza que tuvo un referéndum al respecto y la población no lo aceptó.

Los extranjeros no serían beneficiarios de esta renta básica. Ni tampoco los que estudien, exclusivamente, oposiciones. A estos se les podría aceptar en el sistema, solo si optan por trabajos sociales de 4 horas, el resto del tiempo podrían seguir preparando las oposiciones. De este modo, un opositor podría casarse joven y tener hijos.

El cobrar la renta básica tiene la ventaja de activar el consumo, que es otro problema de muchos países occidentales en crisis.

En el sistema antifraude, quitando los ricos, matrimonios en que uno de los dos cónyuges trabaje o estudie, tendrían cobertura básica. Lo lógico es que trabajarían o buscarían trabajo todos los que estén en edad de trabajar.

Habría un gran control. Una persona que no tenga trabajo, recibiría un dinero a cambio de labores sociales durante unas horas, por ejemplo, cuidar ancianos sin medios económicos. El resto del tiempo visitaría empresas para buscar trabajo.

Aunque siempre habría ciudadanos que no fueran ricos que no quisieran trabajar: sería necesaria una ley de vagos y maleantes, para llevarles a la cárcel si, por ejemplo, en 2 años desechan 6 trabajos que le han ofrecido de su profesión. Irían a la cárcel para evitar que se conviertan en delincuentes peligrosos.

Existe la posibilidad de que al tener tanta protección, el parado, pudiera tener un comportamiento vago o conflictivo en los trabajos para que lo echen. Esta posibilidad se investigaría: si continuamente le están echando de los trabajos, también iría en la cárcel, o se le reduciría poco a poco la renta básica hasta que tuviera un comportamiento correcto.

Al dar esta renta básica, se aumenta el gasto público, aunque disminuya algo al bajar el personal de la Agencia Tributaria y otros organismos como la policía. Se ahorraría también en electricidad, en personal de seguridad, en limpieza y serían necesarios menos edificios para estas instituciones.

En países menos desarrollados se podría autorizar la mendicidad de las personas, la cual se podría hacer por medio de transferencias de 0,20 euros u otra cantidad que no supere los 50 euros al día, 300 euros al mes o 3.600 euros al año. El pobre registraría una cuenta bancaria ligada a su huella. En este caso la transferencia bancaria se haría por satélite con un simple teléfono móvil con Internet.

Sección V.11. Como acabar con la deuda de algunos países. Como ejemplo, España

Es válido acabar con la deuda en muchos países. Donde mejor funcionaría el sistema dentro de la Europa Comunitaria sería en Italia, con un 27% de fraude fiscal. En España hay un 25% del PIB de fraude, aunque el motor económico de Europa, que es Alemania, también lo tiene alto, un 16% del PIB. Es posible eliminar prácticamente todo fraude fiscal, según he explicado.

En España el PIB es de aproximadamente de 1 billón de euros, con lo que el dinero defraudado ronda los 250.000 millones de euros.

Será posible bajar enormemente los impuestos para que vengan empresas a invertir. La cuestión es clara: bajar los impuestos, pero cobrándolos. No hay estudios serios acerca del fraude fiscal, según mis fuentes está entre 200.000 y 250.000 millones de euros. La cifra más baja que he oído es de 160.000 millones de euros. Este cálculo no incluye los 100.000 millones que se ahorrarían eliminando las autonomías y se basa en datos oficiales, no los de Roberto Centeno que comentaré después.

Toda la bajada espectacular de impuestos daría como resultado una aportación adicional de 150.000 millones al año (no se lograrían los 250.000 millones de fraude fiscal en España dado que se reducen los impuestos por lo que baja la recaudación).

De esos 150.000 millones se puede extraer una partida de 80.000 millones para que en 13 años España ya no tenga deuda pública.

Con esa partida se crea un fondo para pagar la deuda a su vencimiento. Si no lo hace el Estado, cuando el Banco Europeo suba los tipos de interés, a partir de ese momento la deuda emitida cuesta dinero, y cuando venza algo de deuda España no tendrá dinero, con lo que debería emitir más deuda y tarde o temprano terminaría en un colapso total.

Espero que pronto suban los tipos de interés (2019), porque el Euro se está depreciando continuamente.

Los 13 años que propongo son un ejemplo, puede llevar más años si no se acomete el sistema informático de este libro cuanto antes, porque la deuda se prevé en los próximos años que supere el 100%. O podría llevar menos años si en vez de los 9.000 euros al año de renta básica media en

España, haciendo un estudio serio se observara que esta renta es menor. Llevaría más años si esta cantidad es mayor.

Se está pagando por parte del estado unos 30.000 millones de euros a los parados. Se aumentaría a 50.000 millones para los parados que no cobraran nada, y todas las personas que trabajaran a tiempo parcial.

Son cifras aproximadas, el PIB lo elabora el Banco de España y puede que no sea del todo exacto. Además, se elevaría un poco el paro, debido a que al agilizar la Administración pública, mucha gente se quedaría sin trabajo. Serían 100.000 millones de euros de gasto de los 150.000 millones. Con lo cual habría un superávit de 50.000 millones que eliminaría el déficit actual.

¡Se lograría un superávit!

La solución de España sería subir el gasto un 10% sobre el PIB, subiendo para ello un 15% los ingresos. La presión fiscal (lo que se recauda) de España es cerca del 40% de PIB, aunque el gobierno anterior decía que es del 34%, y hay una teoría que veremos a continuación que es del 45%, por eso he hecho una medida, que en sí es baja en comparación con el 57% de Francia (aunque el poder adquisitivo en Francia es superior). Se sube la presión fiscal a un 50% y se bajan los impuestos. Esta subida la paga el que defrauda.

Los 9.000 euros de renta básica anual serían una media (a un soltero de 25 años se le correspondería menos dinero). Este cálculo lo realizarían en asuntos sociales. Otro ejemplo sería un matrimonio sin hijos y los dos en paro, se le daría la renta básica solo a uno, etc.

Una vez pasados los 13 años, no habría que destinar los 80.000 millones para la deuda, entonces se destinaría ese dinero a ayudas sociales.

Actualmente el Estado paga en concepto de intereses de la deuda 36.000 millones de euros que no existirían porque no tendríamos deuda. Sería otro 3,6% de PIB. Estos 36.000 millones disminuirían progresivamente según vayan pasando estos trece años, a pesar de que pueden subir los tipos de interés.

Por todo lo expuesto, no estoy de acuerdo con que peligren las pensiones. Dentro de 13 años habrá dinero procedente del fraude fiscal para seguir pagando las pensiones, subiéndolas según la inflación anual, en lugar de que solo las pague la Seguridad Social. Además, como he comentado, a partir de que una persona es un niño, las aportaciones serían de solo 500 euros y tendría que hacer un plan de pensiones particular si quiere cobrar más, que es lo más normal.

Un empresario no tiene que pagar nada por un joven, lo financia el estado. Así le es más fácil acceder al mercado de trabajo. A una determinada edad, por ejemplo 30 años el empresario comienza a pagar a la Seguridad Social. Así, si un joven que cobra 1.000 euros, cobraría 1.500 al no pagar el empresario la seguridad social, y podría pagar una hipoteca, o un plan de pensiones. Según vaya trabajando cogerá experiencia y cobrará un salario mayor, entonces el empresario comenzaría a pagar la Seguridad Social. Habría que hacer cálculos detallados jugando con la renta básica, la situación económica del país y el dinero que se ingresa del fraude fiscal. Por ejemplo si una persona gana 5.000 euros, pagaría 1.000 euros a la seguridad social y lo que quiera a su plan de pensiones. Por eso, si dentro de 30 años tenemos un trabajador por cada jubilado las pensiones están aseguradas con un mínimo de 500 euros a los que no han pagado un plan de pensiones.

Se podría entonces bajar la cotización a la Seguridad Social, con lo que las empresas funcionarían mejor y esto crearía a su vez más empleo.

España ocupa el puesto 25 en renta per cápita, y se puede eliminar la deuda bajando entre un 30% y un 40% los impuestos.

He realizado cálculos para otros países:

Alemania: Un PIB de 3 billones de euros, 5,2% de paro, un fraude fiscal del 16% y el 72,5% de deuda sobre el PIB. También es posible pagar la deuda y bajar los impuestos. Además su déficit es casi del 0%.

Francia: Un PIB de 2,1 billones de euros, 10,2% de paro, un fraude fiscal del 15% y una deuda del 93,5% sobre el PIB. Es posible pagar la deuda y bajar los impuestos.

Japón: Un PIB de 5,2 billones de euros de PIB, un fraude fiscal del 12%, pero su deuda es del 240%. La deuda se puede reducir, pero no es posible pagarla toda en pocos años.

China: Un PIB de 13 billones de euros, un 6% de deuda, un fraude fiscal del 11%. Es posible pagar la deuda.

Estados Unidos: Un PIB de 13,2 billones de euros, 6% de paro, una deuda de 104%, pero un fraude fiscal del 8,6%. Es posible reducir la deuda, pero no pagarla por completo, ya que tienen un déficit de más del 4%. Tendrían que bajar el déficit pero no los impuestos ya que el de sociedades es del 15%.

Con las políticas económicas actuales de los países citados la deuda aumenta y es impagable. Esto provocaría una gran crisis del capitalismo.

El lector podría estudiar cualquier caso, el del propio país o cualquier otro y sacaría sus conclusiones sobre la capacidad y el poder que tiene eliminar el fraude fiscal, con el método que propongo en este libro.

Para realizar el cálculo de cualquier país: se tantea la cantidad anual procedente del fraude fiscal, se destina al pago la deuda y esto elimina el déficit público. En la práctica sería obtener un superávit para cualquier país.

Sección V.12. Estudio económico de España

Además de los 150.000 millones euros del fraude fiscal es posible obtener otros 100.000 millones de Euros eliminando el estado autonómico, que sería fácil ya que la mitad de la gente que trabaja en la Administración no tienen oposición, son enchufados. El prestigioso economista Roberto Centeno es el que ha estudiado el tema y da cuenta de esta cantidad.

Es mejor así porque no existirían esos gastos, y por supuesto, habría que procurar que de los 445.000 políticos por lo menos 300.000 que buscaran otro empleo. Esa es la verdadera corrupción: hay algunos que tienen como trabajo el de asesor técnico (igual sin estudios y solo hacen cobrar). Ante los graves problemas económicos que padecemos en España a los políticos no les importa, solo les importan sus carreras políticas.

Con aproximadamente 250.000 millones de euros en total se puede elevar el sueldo mínimo entre 1.000 y 1.200 euros aproximadamente, elevar las pensiones mínimas y dar cobertura social. España es la 8ª potencia en producción de coches, la 2ª en turismo y la 3ª en flota pesquera. Eliminando las duplicidades (que son 36.000 millones), esta cifra estaría incluida en los 100.000 millones.

Como no se eliminen las autonomías, por lo menos, España irá a la suspensión de pagos cuando accedan al sistema de pensiones las personas nacidas a principios de los años 60: ya que están saliendo del sistema (por defunción) personas que cobraban 900 euros de media, y están entrando personas a una media de 1.300 euros.

En el año 2011 las pensiones costaban al Estado 112.000 millones de euros, en el año 2018 cuestan 144.000 millones de euros. Los políticos piensan subir más todavía los impuestos, y no es la solución. Perjudican mucho a la pequeña empresa que es el 80% de la economía.

Es tan angustiosa nuestra economía que habría que introducir urgentemente el sistema informático antifraude por lo menos durante dos años y posteriormente acometer el nuevo sistema autonómico.

La corrupción, según el Periódico la Nueva España, es de 10.000 millones de euros. Según PODEMOS es de 58.000 millones de euros, y de 15.000 millones según Roberto Centeno.

Los mejores economistas del país son los 4 jinetes encabezados por el mejor, en mi humilde opinión, que es Roberto Centeno.

VOX, MCRC y otros partidos pequeños apoyan la desaparición del estado de las autonomías.

Estos cuatro jinetes presentaron las verdaderas cuentas de España en Bruselas y han sido aceptadas. Consisten básicamente en que la deuda no es de un billón de euros: es de 1,4 billones de euros (con nuestro sistema, al haber mucho superávit, es cuestión de más tiempo para pagar toda la deuda). La presión fiscal no es del 34% del PIB, sino del 45%. El déficit del 2017 no fue el 3,07% sino el 3,7% del PIB. Llevo cinco años escuchando que la deuda ronda el 100% sobre el PIB que es de 1,03 billones, y que hubo un gran déficit y según el gobierno no ha subido. El gobierno del PP falseó los datos. El actual Gobierno del PSOE admite un 136% de deuda.

En una charla que dieron se comentó que la Industria bajo del 35% al 15%, es decir: este es un país de camareros, muchos de ellos explotados debido a los enormes impuestos. Se puede mantener tanto bar porque el español es muy amigo de reunirse en bares. Hay más bares en España que en toda Europa. Según mi planteamiento con el sistema antifraude, vamos a tener muchos jubilados y cobrando más, se podría mantener la economía además, al bajar considerablemente los impuestos, habrá más Industria. Esa es una de las razones por las que mi libro potenciará a España: si el resto de la Unión Europea no quiere adherirse al sistema, nos vamos como hizo el Reino Unido (por culpa del abuso de Alemania sobre sus intereses).

El catedrático de economía Roberto Centeno dijo que lo peor que se hizo en el Gobierno de Suarez fue crear el ruinoso sistema de las autonomías.

Los políticos son 445.000 en España, Alemania tiene casi el doble de habitantes que nosotros, y solo 150.000 políticos en un estado federal.

En un libro de Editorial Planeta de título: ESTA ESPAÑA NUESTRA que se cuenta cómo algunos Aristócratas le dieron ingentes cantidades de dinero a personas muy inteligentes para crear grandes empresas, a cambio de favores. Según este libro, se fugaron 1,5 billones de euros desde que llegó la democracia.

En un debate de la nación de 2013, Rubalcaba le sugirió a Mariano Rajoy subir el Impuesto de Sociedades; Rajoy le respondió que había empresas que no pagaban, y Rubalcaba no respondió nada.

El señor Revilla comentó que estas grandes empresas pagan un 6% de media, yo le creo. Ejemplo: una gran empresa fue inspeccionada y después de encontrar que no pagaba los impuestos le multaron con 1 millón de euros: no pagaron nada. Al inspector de Hacienda lo trasladaron, lo cual respalda que hay empresas favorecidas.

Habría que eliminar Ayuntamientos de poca población tal y como dice el MCRC, se ahorraría el Estado esa cantidad de políticos y funcionarios.

Toda la investigación que llevó la Guardia Civil en Cataluña habría sido mucho más fácil con mi sistema antifraude, ya que estarían disponibles los artículos de todas las facturas, incluso las que fueron eliminadas, y no solo el total del banco, como pasa en muchas de ellas hoy en día.

LO MÁS IMPORTANTE: Cualquier pago pasa por el sistema censor del Ordenador Central, el cual da el permiso de pago o no.

CAPITULO VI

Cómo funcionan los diferentes negocios con el sistema antifraude

Sección VI.1. Las máquinas de juego

No existiría moneda física para jugar. Jugaríamos con nuestra huella dactilar. Siempre especificaríamos la cantidad de partidas a jugar poniendo el dedo.

Los extranjeros jugarían con tarjetas de crédito o de débito tecleando la clave de estas tarjetas. Para estos no se cruza la contabilidad del gasto o ingreso de estas máquinas.

No funcionarían con la tarjeta de un menor.

Cuando la máquina gana dinero, una parte será para el dueño del establecimiento, otra para la empresa de las máquinas, y la otra parte para Hacienda. La máquina internamente se ocupa de todo, calculando automáticamente lo que tiene que ingresar a cada uno. Sube la información a un servidor del sistema antifraude.

Si da premio, el jugador lo cobra mediante el dedo, o si es extranjero con la tarjeta de crédito o de débito, tal y como ya vimos.

Los técnicos de las máquinas solo irían al establecimiento en caso de estropearse la máquina, a cambiar los programas o la propia máquina.

Estas máquinas no admitirían tarjetas de empresas o de políticos. Sería escandaloso que los políticos gastasen nuestro dinero en máquinas de juego, como también que una empresa tenga registros de gastos del juego.

Sección VI.2. Las máquinas de tabaco

Tendrán un lector de nuestra huella digital. Se podrá adquirir tabaco siempre y cuando haya suficiente dinero en la cuenta y el usuario tenga más de 18 años.

Es ventajoso para el cliente: no tiene que esperar a que le activen la máquina de tabaco, y lo es también para el camarero porque le ahorra tiempo. Así se podrían poner máquinas de tabaco en la calle.

No admitirían tarjetas del menor, empresa o de políticos.

Sección VI.3. Las máquinas de refresco

En estas máquinas valdrían la tarjeta del menor y del político.

Todas estas máquinas de tabaco, juego y refresco, también pueden funcionar con tarjetas de crédito, tecleando la clave de la tarjeta, porque esto es muy útil para los extranjeros. No valen tarjetas de empresa, porque no sería un gasto deducible.

Sección VI.4. Los espectáculos

En los cines, teatro, el futbol, conciertos etc.; la compra de la entrada se realizaría con el dedo. En el futbol si se es socio, se utilizaría la tarjeta de socio. En el futbol no se podría hacer reventa de entradas si su valor supera los 50 euros.

Hay polémica con respecto al IVA del teatro, está al 21%, cuando el IVA de los libros es del 4%, y ambas son actividades culturales. El IVA se cobraría al instante de producirse la venta.

Sección VI.5. Las comisiones de los bancos

Cuando se hace un pago de un banco a otro en reiteradas ocasiones, el banco cobra una pequeña comisión si es de más de 100 euros. Los bancos ganarían más dinero que ahora debido a estas comisiones, por lo que a pesar de eliminar el secreto bancario, se verían enormemente favorecidos. Ese es otro de los éxitos del sistema antifraude que presento en este libro, porque la banca tiene mucho poder, y es la que estará deseosa de aceptar el sistema, a pesar de que no convenga al poder político.

Cuando llega la información al Ordenador Central, este contabiliza la transferencia como un ingreso, asignándosela al banco donde hemos comprado. Sería como una factura normal entre bancos. La comisión la paga el que vende, excepto para compras por Internet. Por ejemplo: hacemos una compra entre diferentes bancos de 100 euros, el nuestro banco no paga ni cobra, pero el otro banco cobra una pequeña comisión al comercio donde hemos comprado el bien o servicio y esto es lo que llega al Ordenador Central cuando se registra el pago.

El banco hace sus negocios, y cobra una comisión por tener cuentas corrientes.

En los préstamos llegaría una inyección de dinero al sistema de contabilidad de la persona o empresa. Los intereses que cobraría el banco serían a través de una factura normal entre el banco y el cliente.

Para compra y venta de acciones sería, como actualmente, a través del banco, que contabiliza las acciones y las carga en la WEB del sistema que es chequeada por el Ordenador Central en el supuesto de que el cliente venda acciones. De este modo, el Ordenador Central calcula el beneficio que está sujeto a IRPF.

El banco sería tratado como cualquier otra empresa privada, de tal forma que, para un país, solo operaría con una única cuenta para sus ingresos y gastos, no pudiendo operar con deudas. Aunque podría tener sucursales que serían como delegaciones: cada una con su página WEB. Al igual que lo descrito en las delegaciones, la declaración de Hacienda anual se haría con la suma de todas las sucursales de cada banco.

Sección VI.6. La forma de vender joyas, anillos, sellos etc.

Para la compra-venta de estos artículos habría sitios especializados como una filatelia, siendo la máquina de cobrar de estos sitios una máquina especial. Esta máquina de cobrar podría, además de cobrar, pagar a nuestra cuenta corriente por medio de la huella.

Lo mismo ocurriría en las casas de empeño, o en con los marchantes de arte que compren, por ejemplo, un cuadro que tengamos en nuestra casa.

Estos pagos pueden exceder de la cantidad de 50 euros al día, 300 euros al mes o 3.600 euros al año.

Solo se aplica a determinados negocios, por eso tienen una máquina de cobrar diferente. También llega esta información a la WEB del Ordenador del Municipio para controlar el stock a las filatelias.

Sección VI.7. Los casinos, partidas clandestinas, apuestas

Si se quiere jugar en casinos, las fichas se pagarían antes de jugar, como ahora, aunque por medio de nuestra huella, tarjetas de crédito o de débito.

Cuando se devuelven las fichas, se ingresaría el dinero en la cuenta de nuestra huella digital.

No valdrían las tarjetas del menor, empresa, ni las de los políticos.

Se permitirían partidas clandestinas, siempre y cuando no superen la ganancia de una persona en 3.600 euros al cabo del año.

Se jugaría con fichas, en cualquier sitio, con un teléfono móvil con Internet. Al final de la partida se harían transferencias por Internet siempre que no superaran los 50 euros al día.

Si algún jugador gana 100 euros, tendría que hacer esta transferencia en dos días diferentes, o si gana 500 euros en 10 transferencias de 50 euros en dos meses, esa sería la única manera de engañar al Ordenador Central

Aunque sería menos problemático jugarse los cafés por medio del dominó, los que pierdan los pagarían por medio del dedo.

También se admitirían pequeñas apuestas entre amigos que no superaran los 50 euros. Se harían, por ejemplo, transferencias de 20 euros al ganador de la apuesta, u otra cantidad que no supere los 50 euros. Se harían, también, al instante con un móvil que tenga Internet.

Sección VI.8. La loto, apuestas del futbol, bingo, hipódromos

En La Loto y otros juegos legales, se cobraría por transferencia bancaria, menos el 20% que se lo llevaría Hacienda en cantidades grandes; para cantidades pequeñas, se pagaría mediante el dedo.

Caso similar sería el del bingo, también se pagaría por huella digital. Cuando recibimos el boleto, lo pagamos con el dedo. No valen las tarjetas de empresa, la del menor, ni la de los políticos.

Las casas de apuestas legales, como las apuestas del futbol, serán por Internet como ahora. Estarían todas registradas en el Ordenador Central, porque se pagaría y se cobraría por PAYPAL o por tarjetas de crédito o débito.

En las apuestas de caballos, si acertamos, en el hipódromo se pagaría también por huella digital.

Sección VI.9. El sistema contra reembolso

El sistema contra reembolso aplicaría siempre que se venda cualquier producto legal, solo implica a empresas.

El encargado de correos llevaría los datos a un Ordenador, y entonces pediría la tarjeta de la empresa y el nombre del artículo del producto que se va a vender.

Correos cobra una parte, que extrae de la tarjeta del empleado de la empresa. No se admite el pago por huella digital. El sistema informático de correos coge los datos de la empresa, cobrándole, como hasta ahora.

Una vez que llega el producto al cliente, si quiere pagar pone el dedo o la tarjeta de empresa en una máquina que lleva el cartero. Si no admite el pago contra reembolso se devuelve el paquete como hasta ahora, perdiendo algo de dinero la empresa, que es lo que le cobró correos en un principio. Si paga el cliente, el cartero sube a un servidor el artículo o artículos y el dinero pagado.

Sección VI.10. Los fichajes de futbolistas

Se realizarían todos por transferencia bancaria al no existir el dinero físico. No habría fraudes como los hubo, por ejemplo: a un coste de 10, asignarle uno de 15.

Se realizaría el fichaje mediante un notario, asignándole una clave para pagar. Sería el notario el responsable de que no hubiera fraude en la transacción.

Sección VI.11. Forma de vender un coche de segunda mano

Al hacer la transferencia se indicarían un valor de venta, dependiendo del modelo, año, etc. El vendedor pondría la cantidad que quiere cobrar y dos cuentas corrientes que no hace falta que sepa, (en tráfico tendrían un sistema para leer la huella digital del vendedor y del comprador). Si se vendiera en un concesionario, el responsable utilizaría la tarjeta de la empresa.

El impuesto de transmisiones patrimoniales lo pagaría el comprador.

El pago podría ser al contado o a plazos.

Sección VI.12. Pagos de comunidad, viñeta, IBI

Para los pagos de la comunidad de vecinos de un edificio, si no están domiciliados, podrían realizarse en el banco donde tiene el dinero de la comunidad y con pago por huella, porque los bancos también tendrían máquina de cobrar.

Si la comunidad y el vecino operan en el mismo banco, solo se restaría de la cuenta del vecino el pago de la comunidad. El banco tendría que leer solamente la factura que llevaría con un código de barras.

Para pagos como la viñeta, IBI etc.; el sistema sería el mismo que el descrito para la comunidad.

Algunos de estos pagos podrían ser deducibles como, por ejemplo una oficina de empresa, o el propio garaje de la oficina.

Sección VI.13. Comprar un piso

No se podría pagar nada de dinero en negro, por lo que no habría fraude fiscal.

El notario, al hacer la escritura, mandaría los datos de la cantidad de la transferencia a un servidor que generaría un código.

Para el notario, funcionaría como cualquier transferencia, en la que el servidor le da un código y él lo guarda en la escritura.

Esto para pagos al contado. Si fuera por medio de créditos a 30 años o más, sería el banco al que se ha solicitado el crédito el que tendría que hacer la transferencia.

En pagos al contado quedaría inicialmente como deuda en el sistema antifraude de contabilidad particular. Se consultaría en la WEB del sistema el código, o en la escritura, y se realizaría la transferencia.

La WEB operaría como la banca electrónica.

El Ordenador Central, al hacer el refresco, comprobaría si la transferencia es correcta, llevándola a la contabilidad particular de gastos e ingresos del Municipio, y grabándola en el Ordenador Central. Si no fuera correcta, la anularía y avisaría al comprador y vendedor con un correo electrónico automático.

En el caso de no producirse esa transferencia en un mes, el Ordenador Central se pondría en contacto (por correo electrónico automático) con el notario para que avise a ambas partes.

Sección VI.14. Las Iglesias

Los templos de culto tendrían pequeñas máquinas de cobrar, en cantidad suficiente. El fiel indicaría la cantidad de dinero a donar antes de pagar cada limosna.

En el encendido de las velas esa cantidad sería fija; se podría pagar con huella o cualquier tarjeta, incluso la de los políticos y del menor. Es evidente que el pago con nuestra huella es más cómodo que con el iris.

En los bancos de las Iglesias también podría haber máquinas de cobrar, así, el sacerdote no necesitaría demasiado tiempo para que los feligreses puedan dar la limosna. Sería más rápido que pasar el cepillo.

Las grandes cantidades de dinero para donar a Caritas o a cualquier otra ONG no se recogerían en esas máquinas, si no por transferencia bancaria, en la que no habría límite como para partidos políticos, cuya cuenta la conocería cualquier servidor. Estas donaciones darían beneficios fiscales como actualmente. Sería una vez más es el Ordenador Central el que registraría esos beneficios fiscales, plasmándolos automáticamente en la declaración de IRPF del donante.

Sección VI.15. Donaciones para el cáncer

Se harían con una máquina de cobrar especial como la de las Iglesias en la que le se indicaría la cantidad de dinero a donar, que se registraría en un servidor, haciendo el ingreso en la cuenta de las asociaciones de lucha contra el cáncer.

Lo mismo para otras asociaciones sin ánimo de lucro. Se extendería la correspondiente factura para comprobar que efectivamente se ha donado la cantidad estipulada.

Sección VI.16. Tiendas de ropa

Al leer la etiqueta de la prenda con un precio asignado se pagaría con el dedo o con la tarjeta de la empresa. Se admitirían tarjetas de políticos y del menor.

Se podría devolver la mercancía en 15 días si la tienda fuera pequeña, o en un mes en caso de ser grande. El sistema rectificaría el stock de la tienda en caso de devolución.

Para cambios por otra prenda, por ejemplo, de diferente talla, se asignaría una nueva compra, cobrando solo la diferencia. El sistema rectificaría el stock de la tienda.

Para devoluciones, se asignaría una compra de cero euros al número de factura, sería la forma de devolver el dinero, porque el Ordenador Central vería dos facturas registradas con el mismo número, y atendería a la última, de cero euros.

Sección VI.17. Librerías y quioscos

Todos los libros llevan un código ISBN. La máquina de cobrar leería de artículo el tipo de libro, con lo que una vez puesto el dedo o la tarjeta, emitiría el comprobante con el nombre del libro, y el precio de la compra.

Un médico podría comprar un libro de Medicina con su tarjeta, siendo este deducible.

Para quioscos sería conveniente que todos los productos tuvieran código de barras, así el funcionamiento sería igual que en las librerías.

Los periódicos tendrían un código de barras.

En las tiendas de chucherías se leería el código de la caja donde se encuentran los productos.

Sección VI.18. Cuidado de ancianos

Los cuidadores pertenecerían a una asociación que se dedicara a encontrarles trabajo, funcionando como una empresa normal, con máquinas de cobrar de la asociación.

Los cuidadores podrían cobrar 300 euros al mes sin tener que pertenecer a ninguna asociación.

Sección VI.19. Las empleadas del hogar y las cocineras

Estarían también en asociaciones, las cuales buscarían trabajo y dispondrían de máquinas de cobrar. En todo caso, podrían cobrar hasta 300 euros al mes; una pequeña ayuda.

La empresa señalaría en el momento de pagar, los diferentes artículos que ha comprado con la tarjeta de empresa: artículos de limpieza, comida o mano de obra. Estas empresas también pagarían la Seguridad Social.

Sección VI.20. Las multas

Tráfico cobraría al conductor por medio de huella digital automáticamente, porque los guardias de tráfico tendrían máquinas de cobrar.

Si fuera por radar, se enviaría una carta para que el conductor se identifique. Se podría hacer por Internet con un código que envía tráfico por carta, o bien presencialmente.

Una vez identificados, tráfico cobra, porque conoce el DNI internacional del infractor.

Si no tuviera dinero, se utilizarían los procedimientos actuales, dando un plazo para efectuar el pago. Concluido este plazo, se haría un recargo, tal y como sucede hoy en día, y si siguiera sin pagar se le embargaría la cantidad correspondiente.

Sección VI.21. Los futbolistas

En el caso de los futbolistas se establecería el sueldo, que se comunicaría al Ordenador Central por medio de la oficina de trabajo, y las primas por ganar o empatar.

Los rendimientos máximos de los futbolistas u otras estrellas del deporte, políticos y directivos estarían limitados; sería una excepción. Se presume que estas personas no tendrán esclavos ni venderán droga.

En los partidos de la Champions League, lo que ingrese el club también se controlaría.

No habría dinero negro como por ejemplo los famosos maletines de primas por ganar o por perder un partido. Todas las irregularidades que pudiera cometer la FIFA o la UEFA no se podrían pagar, por lo tanto, desaparecerían.

Sección VI.22. La Bolsa

Operaría igual que ahora, con compra y venta de títulos a través de los bancos. Se registraría en el Ordenador Central las pérdidas y ganancias de cada particular o empresa.

Esta información iría al sistema de contabilidad del Ordenador Central para elaborar el IRPF, cobrando si hubiera beneficios.

Sección VI.23. Los problemas de las grandes superficies y supermercados

La actualización de los precios de los supermercados o de las grandes superficies no se haría en la máquina de cobrar. Sería efectiva en los Ordenadores de las mismas, porque fluctuarían al hacer ofertas.

Los Ordenadores de estas empresas se conectarían a todas sus máquinas de cobrar, grabando en ellas el precio de los diferentes artículos.

Estos Ordenadores dispondrían de toda la base de datos de clientes, ya que una persona puede pasar por diferentes sitios de cobro en días distintos. Así, cualquier sitio de cobro podría saber si somos clientes.

La cajera también cobraría las compras realizadas en la carnicería, la frutería, pescadería etc. Al registrar los artículos se separa automáticamente lo que corresponde a la carnicería, frutería u otro comercio diferente que hubiera en los supermercados o grandes superficies.

Lo haría mediante el programa informático de la gran superficie, llevando el dinero a la sección de frutería, carnicería, etc.; que podría tener diferente NIF que la gran superficie, aunque emplearan el mismo sistema de cobro.

En algunas grandes superficies habría mercancías de una empresa que son repuestas por la propia empresa, pagando por ello un alquiler. Esta modalidad se tendría que hacer siempre y cuando la gran superficie pagara por los productos. Los productos caducados los retiraría la empresa productora devolviéndole el dinero la gran superficie. Los pagos se realizarían con máquinas de cobrar de la empresa que surte a la gran superficie.

Los menores, excepto alcohol o tabaco, podrían comprar cualquier artículo.

Sección VI.24. Los pisos compartidos

El pago de alquiler en pisos compartidos se haría por medio de transferencia bancaria. Para la compra de enseres y víveres se podrían ir turnando los inquilinos a la hora de ir al supermercado; lo normal sería que no se sobrepasen los 300 euros al mes a favor de uno de ellos, porque el sistema lo prohíbe. Esa es la razón de realizar turnos.

Sección VI.25. La venta a plazos

Para este tipo de venta, el Ordenador Central debería tener registrado el número de plazos que quiere el cliente. Esto se realizaría tomando nota en la máquina de cobrar a la hora de pagar. El valor luego se envía a un servidor del sistema antifraude. Este Ordenador iría cobrando, mes a mes, el dinero ingresándolo en la cuenta del comercio. Si el cliente no tuviera dinero, avisaría por correo electrónico automático al comercio para que tomara las medidas legales pertinentes.

Sección VI.26. Las farmacias

La máquina de cobrar sería diferente porque debería ser capaz de leer el grupo de pago: gratis, 10%, 40% etc.; y la etiqueta del fármaco. La parte que no es gratuita, la tiene que pagar el consumidor con el dedo (no valen tarjetas de empresas, ni siquiera de políticos) y la otra parte el órgano administrativo correspondiente.

El registro en el servidor sería solo lo que paga el usuario con la huella y la cantidad que tiene que pagar el órgano administrativo correspondiente, con lo cual la farmacia cobraría siempre.

La máquina de cobrar de las farmacias debería tener grabada también una lista de fármacos que no estuvieran cubiertos por La Seguridad Social.

Cada receta llevaría un código para que se pueda registrar en el servidor una sola vez, evitando que la farmacia almacene la misma receta dos veces o más, y cometa fraude.

Sección VI.27. Los contratos de alquiler

Una forma muy sencilla sería declarar la actividad del alquiler como una empresa y declarar el contrato mediante la oficina de trabajo del Municipio. Se necesitaría máquina de cobrar por tarjetas para que así pudieran pagar los extranjeros. Otra forma de pago para los extranjeros sería que hicieran una transferencia desde su país de origen. No sería necesaria la máquina de cobrar. Según la duración del contrato, el Ordenador Central cobraría automáticamente cada mes el alquiler. La electricidad, el gas y el agua los cobraría el dueño domiciliándolos por el DNI internacional del inquilino. Si no pagara se le denunciaría y se le echaría. Este sistema valdría para cualquier alquiler, no solo de inmuebles, sino, por ejemplo, el de un tractor.

Sección VI.28. Los diferentes tipos de autónomos

Se considerarían autónomos: los dentistas, fontaneros, abogados, procuradores, notarios, registradores de la propiedad, médicos, etc.

Dispondrían de máquina de cobrar en la que anotar los artículos o servicios a cobrar. Para abogados, procuradores, etc.; tendrían también rendimientos máximos por medio de una tarifa máxima, según el tipo de caso: de divorcio, robo, etc.

Todos los autónomos como cocineras, empleadas de hogar, profesores de clases particulares, y otras muchas, podrían ganar 300 euros al mes con transferencias diarias que no superaran los 50 euros diarios.

Si sus ingresos fueran superiores a 300 euros al mes, tendrían que declarar la actividad en Hacienda, dándole este organismo la máquina de cobrar con su respectivo NIF. Estarían obligados a pagar a Hacienda si superan el mínimo. También estarían sujetos a rendimientos máximos.

En países donde estuviera legalizada la prostitución, se podría ejercer en pisos, declarando también la actividad si supera los 300 euros al mes, aunque no tendrían que hacer contratos de trabajo a sus clientes.

Si en estos locales se vendiera droga, algo completamente prohibido, al coincidir los drogadictos a la hora de realizar sus compras, les acabarían descubriendo. Lo mismo para la venta de armas a usuarios que no tengan permiso.

Como se puede ver, es un tema complejo, y de implantarse algún día el sistema informático antifraude, habría que estudiar las distintas profesiones a cubrir. Por ejemplo, un Arquitecto o un Aparejador cobrarían por medio de su colegio en base a un proyecto. Otro ejemplo serían los autobuses urbanos: tendrían que haber en cada parada una máquina para sacar billetes.

Al tratarse de tantas profesiones y tipos de empresa debería hacerse un análisis detallado de cada una que nos llevaría cientos de páginas, cuando no miles. Solo he querido resumir el futuro de muchos países, y espero que en España, Latinoamérica y Estados Unidos lo apliquen debido a la violencia que tienen actualmente.

CAPITULO VII

Con el sistema antifraude, la sociedad funciona

Y por último decir que pajo mi opinión, la sociedad funcionaría así mucho mejor, una vez eliminada la malicia actual derivada del tremendo fraude fiscal.

Con el sistema informático antifraude, se pueden favorecer políticas de derechas como el despido libre, (que favorece a las empresas) y hacer una buena reforma laboral; y de izquierdas: sin recortes y con más ayudas sociales, como la renta básica universal.

No he querido ahondar en datos económicos, porque son contradictorios dependiendo de los medios de comunicación y de los economistas que los sustentan. Hasta ahora nadie ha dicho que la gran solución fuera acabar con el fraude fiscal. Solo han sugerido una lucha ineficaz con inspectores. Por ejemplo: la presión fiscal en 2007 era del 37% sobre el PIB, el ministro Montoro dijo que en el 2017 es del 34% sobre el PIB después de la mayor subida de impuestos que ha habido en España. Este es un dato falso: los 4 jinetes indican que es del 45%. El PIB y la deuda que indica el anterior gobierno son falsos.

Una cuestión grave es la invasión de extranjeros que está sufriendo Europa, y se evitaría aumentando la natalidad.

Mi opinión acerca de los inspectores de Hacienda es que podrían ser sobornados, por ello es más segura la inspección con ordenadores.

La cifra real del fraude fiscal ni siquiera se conoce. Los pocos datos que hay no son fiables; unos dicen que de las grandes empresas y multinacionales son el origen, y otros que es fruto de lo que defraudan autónomos y PYMES. Mi opinión personal está en el término medio (frase de por Aristóteles). Pienso que del 20% de la economía no puede salir del 75% del fraude fiscal.

Además del fraude fiscal, hay que sumar el fraude a la Seguridad Social, porque en España hay un 25% de economía sumergida, la cual prácticamente desaparecería con el sistema informático antifraude.

Así, con una sociedad perfecta como la que describo en este libro, las personas vivirían mejor y serían más felices.

Si no se implanta el sistema antifraude entraríamos en un estado de pobreza total. Se calcula que dentro de 30 años habrá un pensionista por cada trabajador, con lo cual los trabajadores se retirarían con el 50% de su salario, no con el 80% como es actualmente, los sueldos bajarían. Tendríamos que crecer a más del 10% para evitar esto, cuestión imposible bajo mi punto de vista.

El sistema informático antifraude que planteo debería implementarse primero en Europa, para plantar cara a la invasión musulmana que estamos sufriendo. En Francia el 10% de la población es musulmana y va a más, en mi opinión han sufrido tantos atentados debido a eso. Aunque prohíban el Islam, que es una barbaridad, se reunirían en otros sitios los más radicales (los salafistas).Aunque creo que me adelanto un poco, a ese futuro que imagino se dará dentro de unos 10 años.

Espero que mi libro lo lean políticos honestos, que los hay, y que estas ideas se implementen con el tiempo. He narrado lo que creo será el futuro de la humanidad. Espero que este, mi libro, les haya gustado y se lo recomiende a la mayor gente que puedan

Si es usted de México puede comprar el libro físico en amazon.com